U0828644

世界名人非常之路

SHI JIE MING REN FEI CHANG ZHI LU

莎士比亚

蒲永平◎编著

中国社会出版社
国家一级出版社★全国百佳图书出版单位

《世界名人非常之路》编委会

主　任：刘明山

编　委：周红英　王汉卿　高立来　李正蕊　刘亚伟　张雪娇
方士娟　刘亚超　张鑫蕊　李　勇　唐　容　蒲永平
冯化太　李　奎　李广阔　张兰芳　高永立　潘玉峰
王晓蕾　李丽红　邢建华　何水明　田成章　李正平
刘干才　熊　伟　余海文　张德荣　付思明　杨永金
向平才　赵喜臣　张广伟　袁占才　许兴胜　许　杰
谢登华　衡孝芬　李建学　贺欣欣

前言

著名学者培根说："用伟大人物的事迹激励我们每个人，远胜于一切教育。"

的确，崇拜伟人、模仿英雄是每个人的天性，人们天生就是伟人的追星族。我们每个人在追星的过程中，带着崇敬与激情沿着伟人的成长轨迹，陶冶心灵，胸中便会油然升腾起一股发自心底的潜力，一股奋起追求的冲动，去寻找人生的标杆。那种潜移默化的无形力量，会激励我们向往崇高的人生境界，获得人生的成功。

浩浩历史千百载，滚滚红尘万古名。在我们人类历史发展的进程中，涌现出了许多可歌可泣、光芒万丈的人间精英。他们用挥毫的笔、超人的智慧、卓越的才能书写着世界历史，描绘着美好的未来，不断创造着人类历史的崭新篇章，不断推动着人类文明的进步和发展，为我们留下了许多宝贵的精神财富和物质财富。

这些伟大的人物，是人间的英杰，是我们人类的骄傲和自豪。我们不能忘记他们在那历史巅峰发出的洪亮的声音，应该让他们永垂青史，英名长存，永远纪念他们的丰功伟绩，永远作为我们的楷模，以使我们未来的时代拥有更多的出类拔萃者，以便开创和编织更加绚丽多姿的人间美景。

我们在追寻伟人的成长历程中会发现，虽然每一位人物的成长背景各不相同，但他们在一生中所表现出的辛勤奋斗和顽强拼搏精神，则是殊途同归的。这正如爱默生所说："伟大人物最明显的标志，就是他们拥有坚强的意志，不管环境怎样变化，他们的初衷与希望永远不会有丝毫的改变，他们永远会克服一切障碍，达到他们期望的目的。"同时，爱默生又说："所有伟大人物都是从艰苦中脱颖而出的。"

伟大人物的成长也具有其平凡性，关键是他们在做好思想准备进行人生不懈追求的过程中，从日常司空见惯的普通小事上，迸发出了生命的火花，化渺小为伟大，化平凡为神奇，获得灵感和启发，从而获得伟大的精神力量，去争取伟大成功的。这恰恰是我们每个人都要学习的地方。

正如学者吉田兼好所说：“天下所有的伟大人物，起初都很幼稚而有严重缺点的，但他们遵守规则，重视规律，不自以为是，因此才成为一代名家，成为人们崇敬的偶像。”

为此，我们特别推出《世界名人非常之路》丛书，精选荟萃了古今中外各行各业具有代表性的名人，其中包括政治领袖、将帅英雄、思想大家、科学巨子、文坛泰斗、艺术巨匠、体坛健儿、企业精英、探险英雄、平凡伟人等，主要以他们的成长历程和人生发展为线索，尽量避免冗长的说教性叙述，而采用日常生活中富于启发性的小故事来传达他们成功的道理，尤其着重表现他们所处时代的生活特征和他们建功立业的艰难过程，以便使读者产生思想共鸣和受到启迪。

为了让读者很好地把握和学习这些名人，我们还增设了人物简介、经典故事、人物年谱和名人名言等相关内容，使本套丛书更具可读性、指向性和知识性。

为了更加形象地表现名人的发展历程，我们还根据人物的成长线索，适当配图，使之图文并茂，形式新颖，设计精美，非常适合读者阅读和收藏。

我们在编撰本套丛书时，为了体现内容的系统性和资料的翔实性，参考和借鉴了国内外的大量资料和许多版本，在此向所有辛勤付出的人们表示衷心谢意。但仍难免出现挂一漏万或错误疏忽，恳请读者批评指正，以利于我们修正。我们相信广大读者通过阅读这些世界名人的成长与成功故事，领略他们的人生追求与思想力量，一定会受到多方面的启迪和教益，进而更好地把握自我成长的关键，直至开创自己的成功人生！

莎士比亚

人物简介

名人简介

威廉·莎士比亚（William Shakespeare，1564～1616），他出生在英格兰沃里克郡斯特拉福镇的一个富裕的市民家庭。

莎士比亚少年时代，在一所主要教授拉丁文的文法学校学习。

20 岁后到伦敦，在剧院工作，后来成为演员和剧作家。他虽受过良好的基础教育，但是未上过大学。

莎士比亚于 1588 年前后开始写作，先是改编前人的剧本，不久即开始独立创作。

1592 年伦敦舞台已经表演了他的几部剧作，那时他在伦敦已经很有名气。

从 1594 年起，莎士比亚所属的剧团受到王公大臣的庇护，被称为“宫内大臣供奉”的剧团。后来在詹姆斯一世时期，莎士比亚和剧团中演员被任命为御前侍从，使得他创作的剧本蜚声社会各界。1596 年，莎士比亚成为了英国戏剧界的泰斗。

1616 年 5 月 3 日，莎士比亚在其 52 岁生日时病逝，葬于圣三一教堂。

成就与贡献

莎士比亚是英国文艺复兴时期伟大的剧作家、诗人，欧洲文艺复兴时期人文主义文学的集大成者。他的代表作有四大悲剧《哈姆莱特》、《奥赛罗》、《李尔王》、《麦克白》；喜剧《仲夏夜之梦》、《威尼斯商人》；历史剧《亨利四世》等和 100 多首十四行诗，以及两首长诗。

莎士比亚的戏剧多取材于历史记载、小说、民间传说和老戏等已有的材料，反映了封建社会向资本主义社会过渡的历史现实，宣扬了新兴资产阶级的人道主义思想和人性论观点。在艺术表现上，莎士比亚继承古希腊、古罗马、中世纪英国和文艺复兴时期欧洲戏剧的三大传统，并从内容到形式进行了创造性革新。

莎士比亚的戏剧突破悲剧和喜剧界限，不受三一律束缚，努力反映生活的本来面目，深入探索人物的内心奥秘，从而塑造出了众多性格复杂多样、形象真实生动的人物典型，他的作品将广阔的、五光十色的社会生活图景展现在大家眼前，并使之以悲喜交融、富于诗意和想象、寓统一于矛盾变化之中，使其既富有人生哲理，又具有批判精神。

地位与影响

从17世纪开始，莎士比亚戏剧传入德、法、意、俄、北欧诸国，然后又传到美国及世界各地，对各国戏剧发展产生了巨大、深远的影响，成为世界文化发展、交流的重要纽带和灵感源泉。

莎士比亚创造词汇的天才是无与伦比的，他的话常常被引用。他在剧作中广泛采用民间语言，注意吸收外来词汇，还大量运用比喻、隐喻、双关语，可谓集当时英语之大成。剧中许多语句已成为现代英语中的成语、典故和格言。

莎士比亚的朋友、著名戏剧家本·琼生称他为“时代的灵魂”，他说：“莎士比亚不只属于一个时代，而属于全世纪。”

马克思称莎士比亚为“人类最伟大的戏剧天才之一”，并提出戏剧创作应该“莎士比亚化”。

目录

莎士比亚

少年时代

青春岁月

不懈奋斗

收获硕果

安享晚年

附　录

少年时代

书籍是全世界的营养品。生活里没有书籍，就好像没有阳光；智慧里没有书籍，就好像鸟儿没有翅膀。

——莎士比亚

诞生于斯特拉福

斯特拉福，这个沃里克郡内的小城，在1564年4月23日这一天将会永远被人铭记，因为这一天，伟大的戏剧家威廉·莎士比亚在这里诞生了。

斯特拉福紧靠着艾汶河，因而这个小城又叫艾汶河畔的斯特拉福城。在莎士比亚出生的年代，斯特拉福就已经拥有2000多居民。城里各种手工业都极其兴旺发达，市民们同周围的农村居民保持着联系，而且他们本身也往往拥有田地。

出生于近郊村庄中的青年们，如果不想继续做农夫，就会移居到城内，学习某种行业，然后在那里定居下来。

每逢赶集的日子，人们就从四郊各地涌来，所以在这个小城里有很多旅馆和小酒店。尤其是位于石桥旁边的黑熊客栈周围有时也会出现活跃的气氛。

从伯明翰通往牛津和伦敦的大道经过斯特拉福城，带着全副武装的侍从、出来旅行的老爷、押运货物的商人、骑着马赶到牛津去读书的大学生，以及形形色色的人都来客栈投宿。

经常到斯特拉福来的还有到处流浪、专唱民间歌谣的歌手。斯特拉福四周的田野风景如画，往往使来到这里的旅行者们感到特别惊讶。

斯特拉福城经营着来自周围地区的多种农副产品，并对各种原料进行加工制作。城里有牲口街、猪市街和羊市街。

由于牲畜繁多，斯特拉福的皮革手工业发展很快，当然也有铁器加工业，城里就有一条白铁匠胡同。

斯特拉福没有城墙，它的街道非常笔直而宽阔，然而在精神上却仍旧是个禁锢、褊狭的中世纪小城镇。像英格兰的其他市镇一样，斯特拉福是根据前人传下来的一套严格方法来治理的。

当年亨利八世和罗马决裂并开始教会改革时，斯特拉福废除了中世纪的“圣十字公会”，在1553年代之以市政厅。

市政厅就成为主要的地方自治机构，它肩负着在本城内监督执行国家法律和国王敕令的使命。

市民们选出14名参议和14名“主要市民”，组成市政委员会，各项市政事务由各委员分担。

市政当局竭尽全力保护当地的实业，不容外人介入，所有的行业都被严格地控制和督导，居民们必须谨遵法规以维持治安。

斯特拉福的居民若是不给自己的狗儿戴上口罩或让鸭子乱跑，玩牌或玩“任何不法的游戏”，夏季里孩子到了晚上8时尚未返家，没有清扫水沟，或是从城里的碎石坑里“借”些碎石自用，那就等着罚款吧！

斯特拉福的居民要是带外乡人回家也需得到官方特许，如果出于同情让某个大肚子的“陌生女人”在家里住着，罚金就会更重。

法规是如此繁多，要想一点也不犯错简直不可能，所以，斯特拉福还没有哪个居民的德行如此高尚、出众，从来没被处罚过的。

税收的最佳来源是法律禁止市民“私倒垃圾”，市民必须把垃圾扔到指定的垃圾场。斯特拉福居民最常犯的过错是“在寝室门口堆置垃圾”，几乎每个联保的10家都因此受到过处罚。

斯特拉福市政厅把本城发生的大大小小事件都登记入册，积攒了浩繁的卷宗。这些卷宗都被保存了下来，因而莎士比亚家史中的许多事实可以根据这些档案文件来确定。

求学于文法学校

斯特拉福城不仅拥有手工工场、商店和饭馆，而且从久远的年代起就已经有了一所学校。在中世纪，这所学校由具有宗教性质的“圣十字公会”管理，其教学与天主教的要求相适应。

16 世纪教会改革和人文主义思潮的发展，使得学校教学发生了重大变化，出现了一种用来取代教会学校的“文法学校”。这种学校强调了它教学的世俗性质，也强调它有别于渗透了整个中世纪教育的神学精神。

斯特拉福文法学校对市政厅属下的市民子弟实行义务教育，学校由市政厅拨款维持，并接受市政厅的监督。

斯特拉福文法学校的学习在入学以前就开始了。入学以前孩子们先得学会认英语字母、阅读和书写。

通常教授这些内容的人，或是地方录事，或是某一个教会的小职员。在斯特拉福城，则由圣堂工友教男孩读写，他的妻子教女孩缝纫。

英文读写的入门书叫“角书”，这是一种有柄的小木板，形状像今天的乒乓球拍。木板上钉着一页印有字母和祈祷文《我们的主》的纸片，并在纸片上覆盖着一层透明的角质薄片，“角书”一词就是由此而来。

孩子们先学字母，接着学习如何把字母拼写成音节，最后学习阅读祈祷文。这样孩子们掌握了英文的阅读和书写，就可以正式入学了。孩子们通常 7 岁上学，14 岁左右毕业。

在莎士比亚的童年时代，斯特拉福学校曾先后换了 3 个老师。

1571年以前，主持校政的是牛津大学学士沃尔特·洛奇。1571年至1575年，即莎士比亚在校学习的那几年，任教的老师是西蒙·亨特，他也在牛津大学受过教育。

接替西蒙·亨特的教师是托马斯·詹金斯，他也有学士学位，也是牛津出身。说明这所文法学校的老师们都受到过极好的教育。

当时的孩子们一般在学校待的时间比较长。不论夏天冬天，从周一到周六，莎士比亚天天都得上学。他沿着汉里街走，到了市集转弯，再走过两条长街，最后来到市政厅。

莎士比亚的教室在楼上，就在市政厅议会室的顶端。同一口钟每天清晨都召唤着威廉上学，每个月则有一次召唤他的父亲去参加楼下的议会。

学校的作息时间，春夏是早晨6时上课，冬天是7时上课。首先是用拉丁文祈祷，祈祷上帝让自己成为品行端正、圣洁的孩子。到9时休息片刻，让孩子们吃些早餐。

然后上课到11时开始放午学两个小时，孩子们各自回家吃午饭。下午13时返校，学习到15时。短暂休息后，接着上最后一堂课，一直上到下午17时。

星期四和星期六只有上午上课。全年放假3次：圣诞节、复活节和三一节，总共有40天。

斯特拉福文法学校，像所有其他同类学校一样，主要课程是拉丁文。莎士比亚的拉丁文的基本知识，无疑是从这一时期学习的。

学生们所用的课本是柯列特和黎里合编的《拉丁语法》一书，因为当时国王有一道专门的敕令，指示英国所有学校把这部书作为学习拉丁文的教材。

学生接触到的第一篇课文是《儿童必读格言》，这些格言是从古代优秀作家的作品中选编出来的，带有道德教诲的性质。接着读拉丁文的伊索寓言，以及意大利人文主义者普布留斯的《牧歌》。

在掌握了拉丁语基础后，学生们开始阅读较为复杂的课文。在教学大纲中占有重要地位的，是研读伟大的罗马演说家西塞罗的书信、演说词及其论文选段。

除了西塞罗的作品，学生们还阅读罗马诗人维吉尔和奥维德、戏剧家普劳图斯、泰伦斯和塞内加的作品，而在这中间莎士比亚最喜爱的是奥维德。莎士比亚戏剧作品中出现的许多场面都可以表明，他十分熟悉奥维德的诗体故事集《变形记》。

学会用拉丁文写作的方法，对莎士比亚写作风格的形成起着打基础的作用。当时的学生们不仅阅读古代作家的格言和箴言，他们还得把这些格言进行拉丁文和英文的对调翻译。

“莎士比亚的作品中拥有大量足以传抄引用的警句，这得力于他当年的翻译练习。他把拉丁文译成英文，或把英文译成拉丁文时绞尽脑汁，力求每一次练习都尽量做到措词简洁明快，从而学会了用警句的方式去思考问题。”

另一种训练是演说术练习，对莎士比亚也具有很重要的意义。这种练习在高年级进行，教师传授学生雄辩术的规则，培养学生逻辑思维能力，力求让学生们养成进行严密论证的习惯。

学校经常举行演说术练习，组织辩论会，布置学生就各种题目撰写演说词并进行演说。

当时文法学校学习的特点，是学生们必须背诵几十、几百页课文，因为当时书籍极少，并且极为昂贵。

在学校里，高年级学生彼此间只能用拉丁语交谈，禁止说本国话。学校用种种名义要求他们撰写并发表拉丁演说。

最后，毕业前的常规训练是阅读、背诵和演出普劳图斯和泰伦斯的剧本。文法学校的一般安排就是如此，这使我们猜想到：莎士比亚还在学生时代就有可能在学生演出中首次粉墨登场。

斯特拉福的孩子们念完文法学校课程后，他们的脑子里已经被塞满了拉丁文法条文。他们大概学会了如何使用笔记本，在上头搜集很多拉丁作者的佳言隽语。

孩子们学会了做笔记，晓得怎样才能干净利落地用刀将鹅羽削去，再用舌头去润软笔尖。同时，他们还晓得写字时要坐直了才不会把眼睛搞坏，同时他们也学会了忍受长时间的辛苦工作。

除了拉丁文，斯特拉福的文法学校没有教给莎士比亚其他学科方面的知识，没有历史、地理，也没有近代语言，更没有自然科学。莎士比亚后来所积累的知识，都是在伦敦所学。

由盛转衰的家境

莎士比亚的祖父叫理查·莎士比亚，是一个佃户。他耕种着一个叫罗伯特·亚登的地主的封地。罗伯特是英国沃里克郡古老而显赫的家族中一个旁支的家长。

理查和罗伯特家做了30年的邻居，两家之间只隔了一条短短的道路，但两者的身份却大不相同：一个是地主，一个是佃户。

罗伯特家的房子是用木料构筑的精致农舍，带着宽敞的谷仓和石砌的大鸽子房。他有8个女儿，最小的女儿叫玛丽。

理查有两个儿子，大儿子叫约翰。约翰从孩提时代就同玛丽熟识了，但他知道以他的身份娶玛丽是白日做梦。作为一个贫贱的农家子弟，要娶乡绅的女儿为妻，就必须发达起来，改变自己的生活状况。

约翰在10多岁时就离开家到城里赚钱，他节衣缩食地积攒每一个便士。为了看玛丽，他从城里步行一个多小时回家。

玛丽对约翰也很忠诚，她一直等待着约翰发达起来，她为人质朴，并不在意两人身份的差别，也不顾及姐姐们的讥笑，一直等待着约翰。

约翰攒了一笔钱后，开了一家专门制作手套的店。手套在欧洲可是人人出门的必备品，再加上他为人诚恳、热情，生意很快就兴旺起来了。

约翰被称作手套匠人。他不仅干这一行，还经营着羊毛、木材和大麦的生意。不过他认为制作手套是他的主要职业，因而，每当在文件上签名时，他总是画一个象征他职业的手套楦子来代替。

1556年，一直反对约翰和玛丽婚事的罗伯特先生去世了，于是两人如愿以偿地结了婚。

玛丽带给约翰一笔可观的嫁妆、两处地产和现款，还带给了约翰名望和社会地位。约翰本人也有财产，他生意兴隆，买下了斯特拉福城里的两座房子。夫妻俩开始了幸福的生活。

从 1557 年起，约翰开始跻身于那些主持市政厅的有声望的市民之列。最初，他被任命为检查麦酒质量的检查员，主要负责检查在这种饮料中是否偷放了啤酒花，同时，他还监督商品面包的生产，检查面粉里是否掺入了其他杂质。

后来，约翰当选为参议，负责主持财务会计事宜。1568 年，他当选为市政厅主席，也就是说，约翰成为斯特拉福的市长。

生活从来不是只有辉煌，约翰飞黄腾达的人生命运也发生了某种转折。1578 年，约翰成了不能正常支付地方警察费用的 6 个参议员之一。第二年，他又不得不把妻子陪嫁的庄园抵押出去。

1580 年，莎士比亚家的情况更加糟糕了。不久，约翰和当地的 100 来人一起被传讯到法庭，被要求请人担保，保证他们从今以后再也不能有扰乱女皇统治下安宁的行为。

由于约翰没有出庭，又被罚款 20 英镑。同时，又因为他替一位与他处境相同的人担保，还被罚款 20 英镑。

唉，这 40 英镑真的不是小数目啊，对于这个近乎破败不堪的家庭来说，真是雪上加霜！

1586 年，当威廉 22 岁时，他的父亲约翰从市参议的花名册上被除名，其原因在市政委员会的记录上是这样写的："莎士比亚先生不出席会议，虽然曾一再邀请，他已久不到会。"

1592 年，约翰甚至上了所谓"不服从国教者"，即拒绝去教堂做礼拜者的名单。这从某个侧面表明，约翰害怕因债务被捕而闭门不出。因为当时的英国有这样一个规定，不得在无力还债的债务人家里逮捕债务人。

即使约翰不再参与市政事务，但他还在从事着各种交易和进行法庭诉讼。他在摆脱了为本城公益操劳的工作之后，就全力以赴为个人的事业奔波了。他之所以这样做，是因为他所赡养的家庭在一天天地不断扩大。

玛丽给约翰生的第一个小孩出生于1558年9月，这个可怜的女孩死在了襁褓里。1563年4月，他们的第二个女儿在只有5个月时也夭折了。夭折的姐妹俩都是鼠疫的牺牲品。

在1563年，这场危害英国的可怕瘟疫势头最猛，这时正是约翰和玛丽的第三个孩子分娩日期临近之际。夫妻俩忧心忡忡，对这个孩子能够活下来没有抱多大希望。

1563年的冬天十分寒冷，在严冬的霜雪中鼠疫消失了。1564年4月，雪白的梨花、苹果花盛开。就在这个美好时节，一个小男孩诞生了，他就是威廉·莎士比亚。

后来莎士比亚家里又增添了4个孩子，他们分别是威廉的3个弟弟和一个妹妹。

威廉的大弟吉尔伯特后来做了服饰用品商，一度住在伦敦，以后返回斯特拉福，死于威廉去世的前4年。他的二弟理查一生都住在故乡，没有结婚，38岁时去世。

威廉的妹妹约翰娜嫁给了以制帽为业的斯特拉福人威廉·哈特。莎士比亚在遗嘱里曾提到她，她比威廉多活了30年。

威廉最小的弟弟叫爱德蒙，比威廉小16岁，年轻时曾到伦敦投奔他并加入了他所参与领导的剧团。在1607年去世，年仅28岁。

着迷戏剧的少年

在文艺复兴时期，英国还保存着这样的习俗：节日常常要举行各种游艺活动。每年的5月1日，斯特拉福的居民都要成群结队地到小城周围的森林去纪念民间传说中的英雄罗宾汉，人们载歌载舞，好不快乐。

在伦敦没有出现固定的剧院之前，就已经有剧团经常在全国城乡进行巡回演出了。这表明在莎士比亚没有走向戏剧之前，戏剧就已向他迎面扑来了。

在莎士比亚11岁时，伊丽莎白女王驾临肯尼渥斯古城堡。城堡的主人赖斯特伯爵是女王的宠臣，在城堡里专门为女王举办了一场盛大的庆祝活动。

许多斯特拉福居民都来参加了，你拉着我，我扶着你，都想能有幸亲睹伊丽莎白女王的面目。

当时莎士比亚也去了，他和他的弟弟妹妹随着父母也混在奔向古城堡的人流里。

古城堡那里已经聚集成人山人海了。巨大的城堡顶上矗立着一座塔楼，上面迎风飘扬着一面象征着族徽的绣有赖斯特伯爵像的旗帜。

城堡四周是一大片花园，呈阶梯状地向下延伸。花园里种着各种各样的珍奇花卉，喷泉的水终年喷涌，孔雀和野鸡在镀金的笼子里漫步。

城堡的大门已经打开了，花园里正在表演哑剧：壮阔的水面上，阿里翁骑在海豚背上去拯救湖姑娘。

小莎士比亚看到了这次欢迎仪式的盛况，也许正因为如此，以上的戏剧情节，出现在了他以后创作的喜剧《第十二夜》中，喜剧主人公西巴斯辛遭到海难时：

把他自己捆在一根浮在海面上的桅樯上；我见他像阿里翁骑海豚背似的浮沉在波浪之间，直到我的眼睛望不见他。

在第二年，伍斯特伯爵的剧团，像受赖斯特伯爵庇护的剧团那样，来到斯特拉福进行访问演出。这次演出是小莎士比亚记忆当中，第一次看到真正职业演员的演出。

职业演员演出的悲剧充满了血腥和恐怖，都是模仿古罗马戏剧家塞内加的悲剧。他们还演出模仿古罗马的普劳图斯和泰伦斯的戏剧，以及一些感伤的戏剧。这些戏剧的作者用笨拙的手法，竭力想表现活生生的人的感情。

戏剧演员在斯特拉福越来越受欢迎，不久，一年的时间里就能有两三个戏班来斯特拉福演出。

小莎士比亚当时被称为是“小戏迷”，他从不放过任何一个机会，去观看来斯特拉福城献艺的演员的演出。

渐渐地对戏剧表演很感兴趣的莎士比亚，开始和周围的小伙伴们模仿那些喜剧演员们的动作和台词。

有时候莎士比亚这群“小演员”们去公园里或者广场上，他们幼稚有趣的表演吸引了很多行人，当然也受到了大家的赞赏！

就这样，转眼间，莎士比亚已经 16 岁了。

生活就是这样，并不是只有快乐相伴。理想与现实的矛盾、前途的迷茫以及家庭越来越糟的状况，这些都让莎士比亚很烦恼。

莎士比亚的父亲因为忙于斯特拉福市政厅的公务而没能照顾到自家的店铺生意，渐渐地店铺经营陷入了尴尬境地，资金周转出现严重困难，家中也有了很多负债。

莎士比亚已经离开了文法学校，面对家中的负债累累，作为儿子的他，决定帮助父亲分担生活的重荷。

莎士比亚不想去继承父亲那个已经快要破产的生意，尽管在没有活儿干时，可以去手套加工房帮工人裁皮子、剪三角片，或往订货的客户家里送制成的皮手套。

要想使自己的家族获得荣耀，走父亲的老路，即靠一门技艺来实现是不可能的了。他应该走属于自己的路，他的抱负绝不是成为小镇商人和小官员。

莎士比亚认为，只有通过艺术这条路了，于是，他就想到了写诗，让自己成为一名诗人。

莎士比亚喜爱戏剧，可以说对戏剧有着一种夙愿吧。但是他也很清楚，演员是一种被众人看不起的没有任何阶级归属的一群人。

在莎士比亚生活的时代，演员只有得到某一个贵族的庇护才可以体面地生活，才可以免于受到流浪罪或长年乞讨罪的控告。

现在莎士比亚认为，成为诗人会比当演员更有出息，有更美好的明天，也有更多的一层希望来光宗耀祖。但是，残酷的现实要求他必须先把生活稳定下来，帮助父亲赚钱来补贴家用，因为诗歌真的不能当饭吃。

扑朔迷离的婚事

哪个少年不善钟情，哪个少女不善怀春。在莎士比亚 18 岁的时候，属于他的爱情之花悄悄地绽放了。

莎士比亚爱上的姑娘名叫惠特丽，她家住在斯特拉福西面不远的坦普尔格拉夫顿村。

惠特丽的父亲和莎士比亚的父亲是很熟识的朋友，两家一直有着生意上的来往。

最主要的是惠特丽家向莎士比亚家出售做手套的羊羔皮。莎士比亚就是有一次去惠特丽家买羊羔皮时认识的惠特丽。

惠特丽和莎士比亚同岁，她长得像天使一样漂亮。惠特丽见到莎士比亚时表现得很害羞，不知怎么就脸红了，也不敢正眼看莎士比亚。

“我经常听父亲说到你。”这是惠特丽见到莎士比亚后说的第一句话。

自从见到惠特丽，莎士比亚就经常有事没事往惠特丽家跑，看来，情窦初开的莎士比亚已然爱上惠特丽了。

莎士比亚经常给惠特丽朗读他的诗，他是用动听的诗歌向他深爱的姑娘倾诉衷肠呢！

终于，莎士比亚用真情打开了惠特丽的心扉。在一个美丽的夏日傍晚，惠特丽答应了莎士比亚的求爱，两颗青春的心相聚在嘴唇。

一年多的爱河畅游，莎士比亚和惠特丽像蜜蜂一样采食着爱情之花的甜蜜。

1582 年的夏天，两人决定把他们的爱情公之于世，尤其是要告诉双方的父母，因为他们要为美好的爱情寻找归宿，结婚是个必然的选择啊！

第二天的下午，莎士比亚又来到了他们两人经常约会的那片树林，这片树林离惠特丽的家不远，是这两个甜蜜恋人经常约会的地方，当然也是他们的爱情乐园哦！

当莎士比亚走到树跟前时，发现惠特丽正在等他。两个人牵着手走进了树林。

那时那地，树林里好像只有莎士比亚和惠特丽两个人似的，只有偶尔听到远处传来的几声鸟鸣。

树林里太凉爽了，林间的细风微微地吹拂着他俩。树丛中各种各样的鲜花，如蔷薇花、金雀花、马莲花都在欢快地摇头欢迎这对恋人呢！

两人已经走到了树林的较深处。今天，他们是要互相通报一下双方父母对他们爱情的意见。

惠特丽仿佛感觉到莎士比亚的手有些冰凉，而且他脸上的笑容也很勉强。

惠特丽在一棵很粗的白桦树前停了下来，把自己含情脉脉的目光投到了莎士比亚的脸上，问道："亲爱的，昨晚你回家问你父母了吗？他们接受我作为他们的儿媳妇吗？"

莎士比亚不说话，只是把惠特丽狠狠地抱在怀里，牢牢地。半天才说："我应该怎么说出口呢，我的宝贝，我可怎么说呢！我此刻的心都已经碎了……我……"

莎士比亚最后，还是说出了不得不分手的决定。惠特丽挣脱出莎士比亚的拥抱，满脸泪水地跑了。

由于莎士比亚家困苦的境况，他的父母已经答应了他和一家富有的农场主女儿的婚约，而这一切都发生在莎士比亚和惠特丽约好向双方父母询问情况的那晚。

还能说些什么呢，生活总是让人很无奈，更何况莎士比亚是个孝顺的孩子。

1582年11月27日，伍斯特主教府事务处，发布了允许威廉·莎士比亚和安·哈瑟维结婚的通告。她是理查·哈瑟维的女儿，而她要大出莎士比亚8岁。

理查·哈瑟维是一个富足的农场主，他住在离斯特拉福两英里远的肖特里村。

莎士比亚的婚事或许算不上明智的抉择，但也不致成为乡里间的笑柄。安·哈瑟维来自受人尊敬的家庭。

也许两个人早有婚约，安·哈瑟维觉得在正式结婚前履行妻子的职责并无不可，而也不至于设下圈套来引诱热情的少年莎士比亚和自己成婚。

伊丽莎白时代的教会法对婚约管理得很严肃，它几乎具有与真正婚礼同等的约束力。

如果莎士比亚与安·哈瑟维有婚约却另娶，他就会被认定为是重婚，他的婚姻会被宗教法庭宣判为无效；如果两人是已有婚约，却拒绝结婚，他就会被逐出教会。

通常在斯特拉福结婚的方式是把结婚预告分成3个礼拜天或是假日，在教堂里公布，而在公示期间可以允许别人提出反对意见。

假如不能公示预告，唯一变通的方法就是取得乌斯特宗教法庭的特别执照，并请人作保结，向教会保证婚后不会杀出程咬金来反对。

如果是取得特别执照并请人作保结，这样要多花很多钱。可是许多人由于各种不同的原因，不能按时公布预告，因此非得有特别执照不可。

有个主教曾这样说过："不经通告而凭执照结婚，并非由于婚姻不正常，其实正好相反。"

通常申请执照时，必须附上理由，说明为何不能提出公告。莎士比亚所附的理由已经遗失。

莎士比亚结婚的决定事出突然，而在耶稣降临节之前已经没有时间可以提出公告。在降临节以后一周的主显节是“禁戒期”，在此期间不得举行婚礼，除非莎士比亚和安·哈瑟维愿意等到1月中旬，不然就只有破财申请执照了。

莎士比亚的结婚仪式按正常方式在乌斯特宗教法庭进行。当时的书记官忙中出错，把新娘的名字写成了“华特利”，可是她的名字在保结上却是正确的。但在保结上，莎士比亚的名字竟被写成了“莎格士比亚”。

未成年人要在惠特基福特博士的教区里完成终身大事，必先获得家长或者监护人的同意才行，因此，对于莎士比亚的婚事，他的父亲是很赞成的。

根据斯特拉福的习俗，长子需要把新娘子带回家里住。莎士比亚也是这样做的。

莎士比亚家的房子后头有个厢房，通过走廊，有客厅、厨房，并另有楼梯通往二楼。这样的房子应该足够容纳莎士比亚这对新婚夫妇了。

就这样，莎士比亚和安·哈瑟维开始了两个人的婚姻生活。

初次外出谋生

“我一定要去伦敦啊!”莎士比亚作出这个决定的时候，他已经23岁了。此时，他坐在旷野的一个大石头上，对着远处的落日高喊出了自己的想法。

莎士比亚去伦敦的目的，一不是去旅行，二不是去度假，他的伦敦之行是为了闯荡自己的事业，打拼属于自己的天下。

1587年夏天，伊丽莎白女王的剧团再一次来到斯特拉福演出，演出的戏剧名叫《七宗罪》。莎士比亚陪同勃克雷伯爵及其家人回镇里看戏，在演出结束之后，他又陪着伯爵回剧团休息的住所去看戏班里的两个很有名的演员塔尔顿和凯普。

莎士比亚和勃克雷伯爵的相识并不是偶然。

莎士比亚和安·哈瑟维的婚姻并不是很完满，夫妻两人在婚后经常吵架，发生争执。

莎士比亚结婚的时候，他们没有房子，只是住在父亲腾出来的一间屋子里，这个简陋的“卧室”里也就只有一张双人床。

安·哈瑟维经常埋怨莎士比亚，表示对现在的生活环境很不满意，还经常指责莎士比亚当律师事务所的书记员没有前途，即使写诗也不会有什么好前途的。

就这样两个人吵吵闹闹地度过了一年的光景，他们的女儿苏珊娜降临了。又过了不到两年，他们又生了一对双胞胎，儿子哈姆涅特和女儿裘迪丝。

因此，莎士比亚在21岁时就必须操劳养活一家5口人了。

这样一来，本来就不是很和谐的家庭，又添了3个孩子，生活的压力对于莎士比亚来说越来越大。

莎士比亚为了生计，也为了摆脱安·哈瑟维的抱怨责骂，决定离开斯特拉福去外地当教师。

通过熟人的介绍，莎士比亚来到了格罗斯特郡的勃克雷伯爵的家里，给伯爵的儿子当家庭教师。

因为勃克雷伯爵很赏识莎士比亚的才华，所以莎士比亚的收入比以前丰厚了许多。

莎士比亚这段时间心情好了许多，因为他可以有时间写诗了，而且也有机会让他改写别人的剧本。

勃克雷伯爵是个很有名的戏剧庇护人，在他的启发和鼓励下，莎士比亚开始试着改写普劳图斯的剧本《孪生兄弟》，并试着用无韵诗来写作。

莎士比亚陪同勃克雷伯爵及其家人回乡看戏的时候，他已经把《孪生兄弟》改写成《错误的喜剧》。

莎士比亚和勃克雷伯爵在客店里受到了两位演员的热情招待，因为勃克雷伯爵的身份高贵，同时也是公认的戏剧庇护人。

勃克雷伯爵把受自己赏识的莎士比亚向两位演员做介绍，并说了一句话："莎士比亚是我儿子的家庭教师，才华横溢，不仅书教得好，而且诗写得不错呢，他也成功地把普劳图斯的《孪生兄弟》改写成了《错误的喜剧》。"

听完之后，这个剧团中很是出名的丑角演员塔尔顿笑着说："伯爵您是想把莎士比亚推荐到我们剧团吗，还是先让他当我的学徒，让他以后从事演员这一职业？"

"唉，依我的看法，莎士比亚不适合跑业务。要是他书写速度快，可以来剧团抄写东西啊！"

勃克雷伯爵对两位著名演员笑笑，说："看吧，我想你们一见到他，就会相中他的，但我还是要征求莎士比亚的意见。"

他转头对莎士比亚说："总在我家里当家庭教师不能干很久，因为这样会埋没了你啊！我认为你是天才，有才华，能写剧本。你需要一个展示你的舞台，相信我的看法，无论你写诗还是写戏，都应该去一个大的天地去闯荡。"

莎士比亚这时候很兴奋，对两位名演员说："如果我想加入你们的剧团，你们可以留下我吗？"

塔尔顿微笑着说："当然可以留下的，看在伯爵大人的面子上，我们也不会拒绝你啊！"

勃克雷伯爵对莎士比亚说："你现在就回家，和家里人商量一下吧！"

就这样，莎士比亚风尘仆仆地在天黑之前赶到了家里，然后兴奋地对父母和妻子说："我要去伦敦，就在明天，跟随女王的戏班去伦敦。"

"你不是在勃克雷伯爵家里做得很好吗，怎么……"安·哈瑟维说，"我的爱人啊，你怎么总是不能面对现实呢，更何况唱戏是最被人瞧不起的职业啊！"

父亲在那里思考着，终于开口了："我的儿子，你决定了吗？"

"是的父亲，我已经决定了，并求得了戏班的同意，是伯爵大人亲自举荐的我啊，而且伯爵大人也认为我应该去大地方谋求发展。父亲，我相信我能行！"

父亲叹了口气，说："去吧，我的孩子！你已经长大成人了。我们会尊重你的选择。最糟的情况是混不下去再回来！"

就这样，第二天一大早，莎士比亚就随着女王戏班的人马奔赴伦敦了。

青春岁月

不应当急于求成，应当去熟悉自己的研究对象，锲而不舍，时间会成全一切。凡事开始最难；然而更难的是何以善终。

——莎士比亚

伦敦的困苦生涯

虽说夏天已经过去了，但是天气还是很热。这一天天空中乌云黑压压一片，看来过不了多长时间就要下雨了。

莎士比亚已经来到了伦敦，他正走在去往圣保罗教堂的大街上。他的步伐很快，因为他想在下雨之前赶到那里。

莎士比亚要去教堂附近的那个聚集着很多印刷厂和书店的地方，因为在那里可以找到他的老乡菲尔德，据说他已经和那个印刷厂主的女儿结婚了，并且拥有了那个印刷厂。

莎士比亚为什么要赶在这样一个天气里去看望自己的朋友，其实他是去办一件事，向菲尔德借钱维持一下自己的生计。

莎士比亚从家里带来的那些钱早就花完了，再加上戏班里的主角塔尔顿犯了肝病不能整场演出，所以他那本来就很微薄的工资也就没有了。

在伦敦人生地不熟，唯有菲尔德是他可以借钱的人了。

莎士比亚很是担心找不到这位老乡，也很担心这位老乡不会借给他钱。

但是莎士比亚还是不得不去试一试，要不然的话，自己或者饿着肚子，或者赶紧跑回几百英里外的老家。

16世纪末的伦敦大体相当于今天的伦敦商业区，四周有高高的城墙，城门外就是通向全国各地的大道。这里有商店、工厂作坊、贸易公司和交易所，居民以商人和手工业者为主。

伦敦还有许多旅馆和酒店。平时人们讲起话来常常是粗声粗气的，因为他们都带着三分醉意。街头的小酒馆是人们聚会聊天的好地方。

当时的伦敦人都喜爱音乐。街上到处可以买到各种乐谱。贵族拥有家庭乐队，流浪歌手在街头、集市和广场上卖唱，吸引着大批听众。

那个时代的伦敦就是这样一座热闹、充满活力的城市。而对于莎士比亚呢，日子却平淡得出奇，像个觅食的鸟儿为生存奔波。

当莎士比亚来到圣保罗教堂附近时，天果然下起了雨，但还不是很大，这样，他就拐进了街道旁的一家书店。

书店里的书真是琳琅满目，柜台上、书架上放着各种各样的书，有小说、诗集、画报等，这使得莎士比亚的眼睛都看花了。

以前，莎士比亚只去过斯特拉福牧师家的藏书室，但牧师的书和这个书店的书完全是天壤之别。

莎士比亚好像遨游于书海之间，第一次来书店，他的眼睛里闪烁着极其兴奋的光芒。

这大海般的书里藏着多少有趣的、吸引人眼球的故事啊！

莎士比亚羞红着脸，对站在柜台里的女店主说："我可以翻一翻吗？"

"我是说，如果我不买的话……我可以翻看一下吗？我只想翻看一下。"他看女店主抬眼不住地看他，他又补充说。

莎士比亚现在身上没有一毛钱，此时的他不是不想买书，而是身上真没钱。

这个女店主没好气地瞪着他，冷眼对他说："小子，你不想买还想翻看我的书，没门！你快点出去，看你已经把我屋的地都给弄脏了，快出去！"

莎士比亚红着脸，急忙走出了书店。站在书店的屋檐下避着雨，可是心里还是不停地想着刚才的那些让他爱不释手的书。

外面的雨还在下着，看起来没有停下来的打算，所以莎士比亚决定冒着雨去找自己的老乡菲尔德。

莎士比亚连续问了几家印刷厂的人，都说不认识菲尔德这个人。

莎士比亚很失望。难道菲尔德并没有传说中的那么发达吗？还是他仍然是个学徒工给人家干活呢？

雨水终于把莎士比亚的全身都淋湿了，可这雨还是越下越大。

已经一天没吃东西的莎士比亚，这时真是又冷又饿。没有别的办法，他还是决定再找一找。

当天快黑的时候，雨终于停了下来。这时，莎士比亚也终于找到了菲尔德所在的印刷厂。

菲尔德把被雨水浇成落汤鸡似的莎士比亚接到了印刷厂后院自己的家里，并取出了自己的衣服让他换上。嘻哈着说："我在这里还不太有名呢，你要是问托马斯·沃特洛里埃尔，许多人都认识的，他是我的师傅。"

菲尔德递给莎士比亚一杯麦酒，自己也端着酒杯在莎士比亚身旁的椅子上坐下。

莎士比亚一口就把那杯麦酒喝下去了，说："听很多人说，你在这里发达了！生意还兴隆吧？咱斯特拉福的人都很羡慕你啊！"

菲尔德优雅地喝了口酒，笑着说："我这还过得去。对了，你什么时候来的伦敦呢？"

莎士比亚说："我已经来了有一个多月了，我可没有你混得好呢，还有些凄惨.”

“怎么了？在哪里发展啊?”

“一个戏班里。我不瞒你说，我是跟着一个女王的戏班来的伦敦。”

“是唱戏吗?”

“不，是打杂儿。在戏院外面给贵宾们看看马，有时去拉幕，也有时去当提词人。”

“呵呵，你小时候就被叫做‘小戏迷’，这回真的是混进戏班了。不过以我的看法，你应该学着写诗，你以前不是写过很多吗?”

菲尔德又接着说：“在这个地方，写诗是很容易出名的，你要是写出了一首好诗就可以献给某一位欣赏你的达官贵人，那样，你就可以得到他的庇护了呢！接着你就会得到赏赐的金钱和权贵的友情。哈，咱们是老乡，到时你的诗集我就替你印刷!”

“说实话，其实我一直把成为诗人作为自己的奋斗目标呢。我只是想在戏班暂时维持一下自己的生计。”

“哦，没事的，不要说了，我们先去喝酒吧，等你走的时候，我不会让你白来一回的，哈哈。”

于是他们两人在街上的一个小酒馆共进晚餐。

莎士比亚从老乡菲尔德那里离开的时候，从菲尔德那里借到了6英镑。

后来，莎士比亚的第一首叙事长诗《维纳斯与阿都尼》出版单行本的时候，就是在他的老乡菲尔德的印刷厂印刷出来的。

接触戏剧舞台

16 世纪 80 年代，伦敦与中世纪的时候大致相同，没有多大变化。城墙依然是老样子，只是交通繁忙，当局只好另开新门，叫做摩尔门，可以通往北面的田野。

昔时的修道院改建成了住家、网球场或者工厂，伦敦桥畔美丽的小教堂变成了仓库，只有伦敦依然是教堂之城，教堂林立，支配着居民们的生活。

圣保罗大教堂里的礼拜现在用英文进行，而建筑本身并无改变，只是木质的塔尖不见了。

20 年前，塔尖起火，围观的人水泄不通，阻碍了救火人员的救援，结果除了底下方形的石基，其他的都烧了个精光。

人们讨论来讨论去，也做了好些计划要筹钱，但塔尖却再也没有重建。倒是那宽阔的方形石基，成了游客观光的景点。

伦敦唯一的崭新公众建筑是“皇家交易所”，是为了使商人们即使遇到恶劣的天气也可以在街上交易而不必遭受风吹雨打。

“皇家交易所”占地很广，楼上回廊里设有 100 家小店。起初是免费出租的，只要商人在店中点起灯和进满货就行。但伦敦城的扩展很快，不到 10 年的光景，每家小铺就得付 4 镑的年租。

“皇家交易所”里面有药剂师、金匠、书商、盔甲商和玻璃器皿商等。这座中世纪的小城，现在遇到人口日益膨胀、人们活动日趋频繁的压力，它们不断摧击着环绕四周的城墙。

当时由于比利时的安特卫普城失陷，伦敦代而成为欧洲的商业中心。欧洲各国的宗教战争，使得伦敦的外地人口在 13 年中又增加了一倍。

在伊丽莎白时期的舞台上演戏剧并不容易，更不能掉以轻心。一个演员需要经过长期辛勤的磨炼才有可能在大城市的戏团里挑大梁。

当时的剧院没有现代剧院中柔和幻化的辅助效果设备，但是演员们却要真刀实枪，凭着自身的真本事来表演击剑、舞蹈和空中飞人等。

伦敦戏团里许多人都是“从小练就的功夫”，而莎士比亚 20 多岁才进入这个行业，如果不是凭着极好的天赋和勤学苦练，他将很难克服种种表演困难。

莎士比亚在 1592 年就已经声名鹊起，成为了一个极优秀的演员。这说明他在先天上有过人的好条件：强壮的身体和美好的嗓子，并能将这两个条件很好结合起来。

伦敦著名的剧团之一是史传基爵士的那个戏团，开始时是专演跳跃、翻筋斗等杂耍的，像这样的特技训练，对演员非常有用。

当时的舞台一般都有高低不同的层数，战争和围城是观众最爱看的，上层舞台用来作为城墙和楼塔，一个演员必须学会如何从城塔上摔下，同时还要做到既不摔伤自己，又不损坏昂贵的戏服。

几乎所有的剧情里都有打斗，在表演短兵相接的肉搏时，演员们更是要求具有精湛的技巧。伦敦人大多是击剑专家，他们可不愿意花了钱来看两个草包过几招花拳绣腿。

像莎士比亚这样的青年演员，必须长时间辛苦地练习伊丽莎白时代的剑术。他必须学会一手握着一把又长又重的剑，另一手持着匕首作为格斗之用；他必须学会在近距离里以手腕和前臂做一连串凶猛而适当地刺杀，对准敌方的眼睛或者胸肋之下。

演员要想表现出伊丽莎白时期真正决斗中的狠劲，又不伤到自己和对手，该需要多么高超的配合啊！

伦敦观众还喜欢看到血腥的死亡和砍手断脚的场面，因此，如何把剑戳进演员的脑袋，或把他的肚肠拉出来，却不妨碍他接下来的表演，真是让人煞费苦心。

特别是演员们在近在咫尺的观众面前表演，更是无法藏拙。伊丽莎白时期的舞台表演并不格外强调写实，可是很注意舞台效果，若是需要血流5步，就得给观众看到真正的血。

演员们得出经验：牛血太浓稠流不动，通常使用的是羊血。在表演真正的刺杀时，演员按下手中剑的机关，剑身便会缩回，另一个演员则在白皮短上衣之内，佩着血囊——可能涂成皮肤的颜色。血囊被刺中时，演员在接触的刹那弯下身，鲜血便喷涌而出，令观众非常满意。有时候也以真剑上场，这时演员就必须佩戴护板。

舞蹈考验着演员的体能和身体驾驭的能力。一部戏中除了写入剧情中的舞蹈之外，戏终时也要有舞蹈。

一个小演员或是刚出道的演员，一个下午就要应付好几个角色的演出。即使是个大剧团，演员也很少有超过12个人的，当然也请不起临时演员。

对于那些戏词短或压根儿没戏词的角色，他们就得忙着赶场，不断地换戏装，好扮演不同的角色。他也许一会儿是个贵人，接着又变成灵魂、侍从、人质等。

伊丽莎白时期的演员必须具备一副好嗓子。此时的剧本中充满了动作，然而真正抓住并控制观众情绪的并非身体上的表演，而是台词。

观众必须认真倾听，才会晓得各场故事发生的所在、演员们的情感、剧本中的诗句和高潮等。

更重要的是演员清一色是男人和童子，纵然是亲密的肌肤交接，也还特别需要依赖女角们所说的台词，这样才能会真切有效地制造出爱恋缠绵的气氛。

伊丽莎白时期的观众对于演员所使用的词汇极易动容，他们看多了，因此能够敏捷地抓住确切的含意，完全领会其中的乐趣。

台词的清晰可闻是演出获得成功的首要任务。演员说台词的速度是相当快的。因而呼吸的控制、语气的轻重和字词的发音必须完美，才能使观众的情绪和舞台上的演出连续不辍。

就算台词是旧式写法，机械化的语调与大量的押韵都是伊丽莎白时期的演员要掌握的，再要记住自己的台词也不是容易的。

当时演戏采用的是选定剧目的方式，没有哪出戏会连演两天。演员每晚都演不同的角色，根本没有机会像例行公事那样每天舒舒服服地应个声儿就成。

演员们若是想依赖提词儿，那就更指望不上了。这个提词的，他的工作才真叫重呢，他要注意着让演员们依序登场，要准备好使用的道具，要使复杂的舞台装置操作得既快又准。比如，“天顶”滑车的控制和暗门的弹簧……这样他哪里还顾得上提词！

由于每日演出新剧，道具每日下午都得更换，而这些是极为烦琐的事情。比如，在一个戏剧里可能有先知、天使自天降于宝座之上；妇人遭雷击而死；一只手握着燃烧的剑从云端伸出，以及“先知约拿被从鲸腹里喷掷到舞台上”等。

记不住台词的演员在这种高度竞争的行业里就别想待得久。因为抱着演员梦的总比圆了演员梦的人多，即使已经隶属于大剧团，也仍然有被炒鱿鱼的可能。

一个演员若是在伦敦城里站不住脚，他可以去参加乡间剧团，那里演出水准较低，也可以出国去跑码头。

英国演员在国外很吃香，二流的班底加上蹩脚的装备也能在法兰克福市集里造成轰动，让男男女女争先恐后地赶去看。

开始辛勤地创作

1587 年的一个晚上，莎士比亚在女王戏班里的命运发生了重大改变。

就是在这天晚上，莎士比亚初登舞台应急在一出戏里扮演了一个凶手的小角色。但莎士比亚却成功了，他的表演受到了观众和戏班其他演员的赞赏。

在戏演完后，戏班里的名演员塔尔顿和凯普过来进行祝贺，并邀请莎士比亚一起去喝酒。他们来到了生意十分好的美人鱼酒馆，这个酒馆，非常受剧作家、诗人和演员的青睐。

塔尔顿经常来这里喝酒，他告诉莎士比亚，他不知道怎么回事，更不知道哪里不小心得罪了自己的第一庇护人赖斯特伯爵，就这样他再也得不到女王的宠爱。

莎士比亚是知道赖斯特伯爵的，他是女王的宠臣，他忘不了自己很小的时候曾去伯爵城堡去观看颇有气势的女王欢迎仪式。

莎士比亚这一次终于明白了塔尔顿的苦衷，怪不得他总是出来喝酒，而且每次都是喝醉，原来是在借酒浇愁啊!

塔尔顿曾经是伦敦戏剧界最有名的演员之一，然而现在看来，不仅面带哀伤，就连他的身体也渐渐地失去平衡的能力。

至于凯普，这个时候正是他演员事业的上升期，何况这个人颇有才华，已经被人们普遍看好了。

莎士比亚他们三个人坐到美人鱼酒馆的一个靠窗户的桌子旁，点了酒菜就开始吃喝聊起天来。

莎士比亚不怎么喜欢喝酒，平日里他也不爱多说话。今晚，他也是谦恭有礼，其实是谨慎地陪着他们喝酒。

在这两个名演员面前，莎士比亚显然更是个学生，所以很难放开了说话。

“来，祝贺你今晚初登舞台，就获得了成功。”凯普首先举起酒杯说道。

这样三个人干了第一杯。

凯普接着说：“人人都知道当演员是没有出息的丢人的职业，你现在还那么认为吗？”

莎士比亚抬着有点红的脸，说：“我认为，关键是自己瞧得起自己！”

“对啊！”塔尔顿赞同地把话头接过来说：“演员的地位取决于人们对戏剧的重视程度。当下，西班牙入侵的威胁正日益迫近，国家面临着外扰。女王和大臣们首先要考虑怎样来鼓舞全国人民的斗志，怎样让全国人民拧成一股绳。”

塔尔顿喝了一口酒，继续说：“所以，必须用一种艺术性的东西加以宣传和表达，这样看来，没有什么能比戏剧看起来更合适的了。”

凯普在一旁赞同地补充着说道：“是啊，必胜信心和爱国情怀的激发必须要用戏剧来表达，当下，正是我们戏剧行业发展的大好时机。威廉，你要树立信心，以你的潜力和禀赋，我相信你很快就会成名的！”

塔尔顿又说：“威廉，你前些日子改写的那个《错误的喜剧》，我已经认真看了，很好，真的很好！我们已经商量过，从明天开始你不用再做打杂儿的活儿，你可以演些配角或者帮着修改修改脚本。”

凯普补充说：“这样安排是为你创作剧本打基础，我看你应该学着写写剧本，虽然那不能一下子就写好。”

莎士比亚很谦虚地莞尔一笑，说：“我会试试的，当然我不会把剧团的正事耽误的。”

塔尔顿说："你一定要写！我就看你行！你要发奋努力，争取赶上并超过格林和马洛。"

凯普说："格林和马洛是写戏的能手，更是高手。如果有一天，你真的赶超了他俩，那么整个伦敦的戏剧就是你的天下了，到时候金钱和美女都会滚滚而来的，那时候你的生活和现在的生活绝对是天壤之别啊!"

"还有名誉，来自名门贵族们的友情!"塔尔顿很沮丧地叹了口气说，"生活在这个时代，要相信强者，真正的强者总有他驰骋的天地。威廉，生存是残酷的，但生存绝对有它的乐趣。"

"人啊，总应该有点野心才行。"凯普喝了口酒，接着说："人生如果没有抱负，没有目标，那人生岂不是太没意思了吗?!"

莎士比亚极其认真地倾听着坐在对面的两位名演员的教诲，同时他也不停地点头表示认同。

1588 年秋，树叶开始飘落的时候，女王戏班里最有才华的演员塔尔顿，莎士比亚永远都不能忘记的好朋友，终因贫困、失意，再加上他那严重的肝病而去世了。

莎士比亚不会忘记塔尔顿在临死前对他的鼓励："我的朋友啊，开始写剧本吧，写吧，不要怕写不好。"

在参加完塔尔顿的葬礼后，莎士比亚的心情极其复杂，眼前浮起了之前和塔尔顿、凯普喝酒的那个晚上的情景。

莎士比亚遥望着远处的圣保罗教堂，终于下定决心开始写作。说写就写，正好戏班因为塔尔顿的去世而中止了演出。

莎士比亚回到了住所，便开始了通宵达旦的写作。

大约从 1587 年起，戏剧开始革新，出现了一批作家，这些作家通称为"大学才子派"。他们多数是大学毕业生，至少是在伦敦最优秀的学校受过良好的人文主义教育。

莎士比亚并没能担当英国人文主义戏剧开创者的角色。"大学才子派”应该说是莎士比亚的“前辈”，也堪称这一时代戏剧之先驱者，他们把戏剧艺术提升到了一个新高度。

英国文艺复兴时期自由进取的气氛，为他们的创作提供了丰厚的土壤，而进步的人文主义思想又使他们能够以全新的角度去观察生活，塑造人物，评价历史。可以说，“大学才子派”为莎士比亚开辟了通往创作高峰的道路。

“大学才子派”中的第一位是约翰·黎里，他是当时所有学校使用的课本《拉丁语法》编者的孙子，他在牛津大学和剑桥大学受过教育，并决心献身文学。

黎里写了一些喜剧，供儿童演员剧团宫廷演出之用。伊丽莎白女王经常出席观看这些儿童演员的演出。他的《哈拉德地》、《恩底弥翁》等喜剧，同当时剧坛上仍很流行的粗俗的民间闹剧有着鲜明的区别。

黎里还写了一些浓丽纤巧的剧本，多为爱情题材，主人公都用风格崇高的散文说话交谈。黎里的剧本是为宫廷贵族观众写的，但他那描写优美的喜剧对民间戏剧颇有影响。

在悲剧体裁的改革创新方面，莎士比亚的同龄人克里斯托夫·马洛，起着最重要的作用。

马洛是坎特伯雷一个鞋匠的儿子，大约在莎士比亚结束学业的时候，他就进入了剑桥大学。

当莎士比亚和安·哈瑟维热恋的时候，马洛正专心致志地学习拉丁文、希腊文、神学和大学里传授的其他学问。

当莎士比亚成为3个孩子的父亲的时候，马洛通过考试，取得了艺术学士的学位，又在1587年，取得了艺术硕士学位。

马洛和莎士比亚大概同时到达伦敦。莎士比亚开始在剧院工作，甚至可能比他还早。但是，当莎士比亚还是一名默默无闻的演员的时候，马洛却已经在戏剧艺术中进行改革。

马洛不想献身神职，也无意于仕途，而决心成为诗人。1587 年他写成悲剧《帖木儿》并搬上舞台。这个剧本是英国人民的人文主义戏剧繁荣的发端。

剧本获得了巨大的成功，激发马洛立即写成了续篇。继之他又写成了《浮士德博士的悲剧》、《马耳他岛的犹太人》等多部作品，所有这些作品，都是马洛在 1587 年至 1592 年间写成的。那几年，英国戏剧一下子提高到了真正艺术品的水平。

马洛是一个具有非凡诗才的人，他把真正的诗引入了戏剧。他抛弃了韵律诗，认为它矫揉造作，千篇一律。他的剧中人物说话用无韵诗，使这种诗体形式在文艺复兴时期的英国戏剧中得到确立巩固。从此以后，谁要想写戏剧，就得成为一个富有创造性的真正的诗人，而不是以押韵为能事的诗匠。

马洛总是选择那些非凡人物作为主人公，从中可以看出他的壮志豪情。他描写那些巨大的激情强烈的权欲，热切统治全世界的妄想，无法遏制的残忍和极端的奸诈。

马洛，作为英国文艺复兴时代戏剧的革新者，狂飙式的天才，多年以来，一直是莎士比亚引为楷模的大师，莎士比亚向他学习了戏剧诗的艺术。当我们把他们的作品做一比较，我们就能发现这种相近的现象：

马洛	莎士比亚
《帖木儿》	《查理三世》
《爱德华二世》	《查理二世》
《马耳他岛的犹太人》	《威尼斯商人》

莎士比亚自觉地沿着马洛开拓的道路前进，像一个天才模仿另一个天才所可能的那样仿效他：采用相近的主题，和自己的楷模做一番

较量。

莎士比亚经常利用其他作者的情节，然而从来没有套用过任何一位同时代诗人的诗句，只有马洛是一个例外。在喜剧《皆大欢喜》中，牧女菲芭爱上了女扮男装的罗瑟琳。

过去的牧人，现在我明白了你的话果然是真的：哪个情人不是一见就钟情？

莎士比亚在这里引了马洛的长诗《希罗与利安德》中的一句。莎士比亚把马洛称作“牧人”，因为在当时的诗歌中都是这样称呼诗人的。

此外，“大学才子派”中还有托马斯·基德。他比莎士比亚和马洛年长8岁，曾在伦敦最出色的学校求学，但是没有读完大学。

基德迫于生计，不得不当了一名文书。说他受马洛榜样的鼓舞，大体是不会错的。《帖木儿》问世后一年，伦敦舞台上演出了基德的《西班牙悲剧》。

《西班牙悲剧》和《帖木儿》一样，获得了同样巨大的成功。当时能像它那样在舞台上久演不衰的，恐怕尚属罕见。

25年之后，它仍然是舞台上的保留剧目，因为伦敦观众中有许多很喜欢观看基德在舞台上渲染的那种流血恐怖事件。

在1589年，基德的另一出复仇悲剧《哈姆莱特》中同样运用了那种流血恐怖事件，后来莎士比亚曾据此改写成同名的著名悲剧。

发表成功剧作

当时被称做“黑死病”的鼠疫是一种极为可怕的灾难。在莎士比亚出生前一年，英国黑死病正流行蔓延，夺走了很多人的生命。在莎士比亚的青年时代，常有黑死病出现，这种病在大城市里首先是伦敦尤为常见。

1592 年 6 月又出现了一次为期甚长的传染病。这一整年里，伦敦议会都在抨击戏院。2 月，市长和参事们就开始向天主教抱怨，请求协助拯救城中青年，因为他们的举止受到“舞台上淫荡、亵渎表演的影响而感染了邪恶、暴乱的恶性”。

直到 9 月 7 日，城里已经发生大瘟疫，议会立刻颁行瘟疫令，伦敦城方圆几英里之内，所有集会，除宗教集会外完全被禁止。

在这种情况下，市政当局为了制止传染病蔓延而规定不准民众聚会，首当其冲的自然是戏剧演出。但是，因为黑死病成了司空见惯的现象，所以演员们甚至在疾病流行期间也照常演出。

对当局在黑死病流行期间停止演戏的要求，演员们相应地提出了一个折中建议：黑死病造成的死亡超过 50 人时，戏剧停演。他们的提议没有被采纳，因为这一数字太大。市政当局总是在黑死病造成的死亡人数不到此数时就禁止演出。

这样的瘟疫已是伦敦的“常客”了。每次死亡人数超过某一特定数目时，瘟疫令就要颁行一次。染患的人要被隔离 20 天，户长每天要清洗他家附近的街道两次，坟墓要掘到 6 英尺深。

同时，各教区各有两名谨慎的妇人来替隔离的人家采买或护理，医师学院也指派了一些医生，专门处理瘟疫病人。不过，人总是人，谨慎的妇人并不总是谨慎的，而坟墓也不一定都掘到6英尺深，于是瘟疫就更容易死灰复燃了。

有个聪明、可爱的伦敦市民建议当局学习德国奥格斯塔，以公家税收为穷人修建通风良好、有三房、有烟囱、有厕所与小院落的住屋，然后将原来污秽的巷道夷平改建成开阔的庭园，这样全城就再也不会发生瘟疫了。

伦敦议会认为那个市民是痴人痴想，因为瘟疫的起因早已昭然了。伦敦的一个教士不是说得很清楚吗，“瘟疫缘起于罪恶……罪恶的缘起则是戏剧，故而瘟疫缘起于戏剧。”

这次瘟疫被人们看做是上帝的惩罚。其实包括莎士比亚在内的许多人都认为瘟疫在空气中传播，这是错误的。

当时人们并不知道，正是伦敦的老鼠引起了这场瘟疫。

正是随船进入伦敦的老鼠身上带有淋巴腺鼠疫，而老鼠身上的跳蚤吮吸了病鼠的血液，然后又来咬人，就把病菌移植到了人身上。

在这一非常时期，莎士比亚只是在家里紧闭门窗，奋笔疾书，创作着自己的一部新剧本，全然忘了鼠疫的灾祸。

面对鼠灾，剧团的演员们只有去流浪了，因为伦敦戏院要在两年后才能恢复正常。

1592年冬天，疫病略有好转，但在1593年夏天，疫情再起，气焰嚣张。据当时不完备的统计，有10000多人死亡。

剧院歇业，部分剧团分赴全国各地，到处流浪，走到哪里，演到哪里。有一些演员彻底扔下了工作，剧作家们大都无所事事。

《亨利六世》是莎士比亚的第一部成功之作，表明他终于在戏剧创作的舞台上迈出了极为艰辛的一步。

1594 年，《天潢贵胄约克和兰开斯特两家族怨仇记》一书问世。1595 年出版了它的续集《国王亨利六世之死》。

第二个剧本《约克公爵理查信史》的扉页上有这样一段话："本剧曾多次由宾勃鲁克伯爵大人的供奉演出。"这句话证明了莎士比亚在从事戏剧活动之初的某一时期，是和一个特定的剧团保持着联系的。

在这两部作品之后，莎士比亚又写了第三部描写亨利六世朝代的历史剧。他这次描绘的事件发生在《怨仇记》和《约克公爵理查信史》所表现的事件之前。

这样，莎士比亚最初的 3 个剧本构成了描写一个朝代各种事件的三部曲，因而被命名为《亨利六世》，三部曲的每一部都是独立的剧作。

莎士比亚较后写成的剧本成了三部曲的上篇，它描写英法百年战争的事件。莎士比亚是站在英国人的立场上再现这一战争的。所以，法国民族英雄冉·达克在剧本中被写成了巫婆和冒险家。

英国骑士塔尔博则被描绘成一个真正的英雄。他忠于他那些争夺政权的同胞，在力量悬殊的斗争中和他年轻的儿子一起殉难。

剧本的中篇《天潢贵胄约克和兰开斯特两家族怨仇记》，描写了内战的开端。敌对双方的党羽在坦波尔花园里，一方采摘红玫瑰（兰开斯特党），另一方则采摘白玫瑰（约克党），剧本以约克党徒的胜利告终。

在剧本的下篇里，观众看到流血的内讧在继续。兰开斯特党羽的灵魂、亨利六世的妻子玛格丽特王后在剧中刻画得尤为鲜明生动。她俘获了约克及其小儿子，下令杀死了约克的儿子，并把沾着死者鲜血的手巾拿给被俘的约克看。

紧接着，玛格丽特王后又命令给约克戴上纸糊的王冠，嘲弄他的无可奈何的悲哀。约克在绝望中向她大喝，说她比狼还狠，她的舌头比蛇还毒，“在妇女的外貌下包着一颗虎狼之心！”

戏剧充斥着流血的恐怖，与当时流行剧目的精神完全一致。莎士比亚在这方面仿效的是基德的流血悲剧，至于他的人物语言风格，则可以明显感觉受到马洛戏剧诗的影响。

但莎士比亚也有和他的前辈的不同之处。基德对一切流血复仇事件都感兴趣，马洛醉心于幻想统治世界的悲剧性人物，而莎士比亚关注的却是国家的命运。比起他这两位同时代人，初出茅庐的莎士比亚更配被称做是关心国家命运的民族诗人。

马洛和基德以一种阴郁的快感来描写这些流血的恐怖，而莎士比亚对于那些因一时的权欲而把国家推进混乱的血泊之中的人物，总是毫不倦怠地谴责他们虚荣和自私的行为。

在莎士比亚的剧本中，也有像亨利六世那样没有坏心眼的人，像汉弗雷·葛罗斯特那样追求正义的人，最后还可以看到像《亨利六世》上篇中的骑士塔尔博那样为国捐躯的英雄。

在《亨利六世》下篇中，舞台上出现了一个凶残的恶人理查·葛罗斯特，这个驼背怪物就是英国历史上的国王查理三世。在人民心目中，他是一个最残忍的国王。

《亨利六世》的演出，是在观众自始至终的欢呼和激动中结束的，不仅剧场满座，而且剧场效果达到了前所未有的高峰。这个剧本获得了巨大成功，长期成为莎士比亚所在剧院的保留剧目。

《亨利六世》的成功使得玫瑰剧场甚至是整个伦敦戏剧界都看到了一位戏剧奇星的升起。莎士比亚这个来自乡下，连大学都没有上过的青年，已然是戏班里有着极大潜力的天才剧作家。

成为著名诗人

在瘟疫期间，伦敦所有正常的戏剧活动都呈现静止状态，这正是通俗剧作家换个方式写作的最佳时机，尤其像莎士比亚这样满怀大志的作家，他也想博得更高层的知识分子的赞赏。

大约在1593年下半年，莎士比亚写下了古典叙述诗《维纳斯与阿都尼》，并出版了单行本，印刷精美。

在此之前，莎士比亚所写的都算不得真正的写作。因为他的剧本都不是他的财产，它们属于那些付钱买下剧本的剧团，至于是否出版则取决于各剧团。

瘟疫结束时，首批出版的剧作都没有印上作者的姓名，也没有文学界的人士认真看待这些便宜的四开剧本。但《维纳斯与阿都尼》可大不相同，它是被当做艺术品来仔细设计，并且精心写作而成的。

《维纳斯与阿都尼》是莎士比亚写的第一部诗作。一开始莎士比亚也照着写诗的规矩，来上一些奥维德的拉丁引言，它骄妄的语气还颇感人：

且任低俗的群众去赞赏低劣，
金发的阿波罗却将饮我以满杯的缪斯之泉。

《维纳斯与阿都尼》具有很浓郁的古典风格，字词都取自文艺复兴时的含义，通篇是丰富的想象与旧式精雕细琢的词句。这是文艺复兴时期受过教育的读者所最为欣赏的。

《维纳斯与阿都尼》假如是士绅之作，可能根本就不会出版，因为上流人士的作品只以手抄方式流传，不会在书摊上售卖。莎士比亚可不一样，他可急着要出书，于是他就找到了老乡菲尔德。

菲尔德拥有了自己的印刷厂，是伦敦城内获准营业的22家主要印刷业者之一。他不仅把莎士比亚的诗印刷出来，同时还是他的出版人。

《维纳斯与阿都尼》多少超出了菲尔德平常的印刷业务，不过他还是把莎士比亚的这首叙事诗印成了一本精致美观的小册子，同时菲尔德还拆下诗歌的一些标题页贴在城里的支柱上进行宣传。

每本书都需要有个贵族庇护人并把书献给他，经验丰富的作家可能在一本书里，就把好几个恩主都写进去，第一页献给甲爵爷；第二页可以献给乙爵爷；第三页还可以献给丙爵爷。

就是这样，诗人必须向贵族献诗来寻求庇护，因为当时的诗人没有地位，处境很艰难，要是没有贵族庇护的话，他们就不能出名，甚至难于生存。

莎士比亚捧着手里的诗集，就像捧着刚出生的婴儿一样，百感交集，泪水模糊了双眼。

在诗集出版5天后，莎士比亚就带着两本诗集来到了扫桑普顿伯爵的府邸。

扫桑普顿伯爵的爵位受封不久，在他的父亲去世之后，伯爵8岁受到皇室监护，监护人是财政大臣伯利勋爵。

伯爵曾在剑桥大学圣约翰学院上学，16岁获文学硕士学位，后进入格雷学院完成学业。

在1593年，扫桑普顿伯爵才19岁，他穿上花边衣服，佩上珠宝，真是个翩翩公子。

听说扫桑普顿伯爵有一小群可敬的作家，他是个青春的恩主，他喜欢情诗，也懂得欣赏情诗。

莎士比亚先求见了扫桑普顿伯爵的总管，然后由总管引见给扫桑普顿伯爵。

在一间宽敞明亮、装饰华丽的房间里，莎士比亚见到了这位年轻英俊的伯爵。

经过那位总管的介绍，莎士比亚急忙走上几步，把手里的诗集毕恭毕敬地双手托送到从座位上站起身来的伯爵面前，谦卑地说："敬请尊敬的伯爵大人笑纳！"

扫桑普顿伯爵是个和蔼的人，他接过诗集，笑着说："你演出的戏我看过，你写的剧本我也看过。你很有才华啊，我相信出自你手的诗也一定写得不错。"

莎士比亚赶忙说："臣仆都是托伯爵大人的福，才能有一点进步，取得一点成绩。"

扫桑普顿伯爵坐回到椅子上，开始翻看诗集。只见伯爵的脸上渐渐露出陶醉的神色，莎士比亚那颗紧张的心才松缓下来。

莎士比亚在《维纳斯与阿都尼》中的献词是这样写的：

献给扫桑普顿伯爵兼提齐菲尔男爵公正可敬的大人，我不知道将我粗野的诗篇呈献给您将是怎样的冒犯，也不知道世人将如何谴责我，因为我竟选择这般坚牢的支柱，来支撑这般轻弱的分量。

但是，只要大人您高兴，那便是最高的赞赏，我当矢志不渝地善用所有的闲暇，以更慎重的努力来向您致敬。

从献词中可以看出，莎士比亚和扫桑普顿伯爵并不怎么熟悉。扫桑普顿伯爵年轻、英俊、机敏、熟谙古典文学，再加上他还是豪富世家，因而对莎士比亚这样胸怀大志的人来说，他是位理想的诗歌庇护人。

《维纳斯与阿都尼》富含感性的风格，以及对性爱适度地描述，应该是青年们所喜欢的类型。

当维纳斯为阿都尼的死伤悼时，莎士比亚的文词都失去了控制：

"啊呀！"她哭道，并且接连着20次说："悲哀呀，悲哀呀！"

《维纳斯与阿都尼》获取了巨大成功，它在莎士比亚有生之年被刊印过10次。这本漂亮的小书让人读了又读，最后都脱了页。

《维纳斯与阿都尼》也被大量引述到文选中。几年后，有一部在剑桥写成的剧本，就曾责怪一个过分热情的青年在枕头下藏着这首诗，在书房的墙上还挂有一幅"漂亮的莎先生"的图片。

此后莎士比亚便立刻动手写那首更慎重的诗——《鲁克丽丝受辱记》，它讲述的是在510年鲁克丽丝被塔昆奸污而自杀身亡的故事。

第二首诗对年轻得晕头转向的人们并没有多么大的吸引力，但对于那些以道德教训而衡量诗作的可敬长者们却很合胃口。

同时，献词的语调更加显得温暖和热情："我呈献给大人的爱情是永无止境的"。那时的"爱情"相当于现今"友谊"的含义。

这两首诗的成功使得莎士比亚在诗歌领域如日中天。初出茅庐的诗人还能再要求什么？恩主有钱、有影响力，对他甚感满意，同时还是地方上最尊贵的人。

此外，莎士比亚也获得评论家们的同声赞赏，尤其"非常值得颂赞的鲁克丽丝"更是如此，他已经在人们的心中树立起了很高的地位。

享受别样恋情

十四行诗是16世纪上半叶从意大利传入英国的。到了90年代，十四行诗成了英国最流行的诗歌形式。

在1592年至1597年的这5年间，英国就发表了100多首十四行诗，而没有发表的当然会更多，但是通过十四行诗走向世界，并且能够获得极高声誉的只有莎士比亚。

我们可以在莎士比亚的十四行诗中去搜寻他的个人自白。即使他是根据所谓的命题写成的十四行诗，但是他也不能不把个人的经验和内心的体验带进这些作品里。

在莎士比亚的154首十四行诗中，大部分是写给某一位从未提及名字的朋友的。这位朋友要比莎士比亚年轻些，他的社会地位看来也比莎士比亚高。

如果诗歌中的那位朋友是贵族，那么十四行诗完全可能是写给扫桑普顿伯爵的，因为莎士比亚的两部长诗就是献给他的。

莎士比亚对那位朋友有着一种深厚而真诚的友谊。这位朋友正当青春年华，一头浅色头发，有一副姣好如美女的面容。

这样，他的朱颜是古代的图志，
那时美开了又谢像今天的花一样，
那时冒牌的艳色还未曾出世，
或未敢公然高踞活人的额上。

也许诗人和那位朋友暂别，诗人黯然神伤，于是就提笔给朋友写诗。朋友的影子一直盘踞在诗人的意念之中，无论白天还是夜晚。

多么沉重地我在旅途上跋涉，
当我的目的地（我倦旅的终点）
唆使安逸和休憩这样对我说：
“你又离开了你的朋友那么远！”
……
天天都是黑夜一直到看见你，
夜夜是白天当好梦把你显示！

英国文艺复兴时期，在人文主义者中，友谊的理想被推崇备至。他们把友谊看做是一种同个人主义和利己主义相抗衡的力量。

人文主义者在研究古代的历史、哲学和诗歌时，他们能在遥远的古代找到友谊的楷模：奥瑞斯忒斯和皮拉达，阿喀琉斯和帕特洛克罗斯，达蒙和皮菲，以及哈尔蒙迪和阿里斯托吉领。

莎士比亚的先驱约翰·黎里在剧本《恩底弥翁》中，用他那固有的风格写道：

卓荦不凡的太太倾国倾城的美色，是否比患难之交的真正忠诚拥有更大的威力？

男子对妇女的爱情是一种习以为常和十分自然的事情。男子对男子的友谊是无限的，不朽的……美和美德之间、肉体和灵魂之间、藻饰和自然生机之间有多大的差异，爱情和友谊之间就有多大的差异。

友谊在风暴中屹立不动。时间在美丽的脸庞上刻上皱纹，然而却赋予忠贞的友谊以越来越多的清新色彩。无论炎凉，无论贫富，任何命运都不能把友谊改变。

诗人和那位朋友的交往，给他带来了巨大的欢乐，他有时感情洋溢，不能自已。但诗人和他的朋友之间并非一直相安无事。当一位妇女侧身在他们之间的时候，他们的友谊遭到了更为严重的考验。

文艺复兴时代人文主义文化的一个最重要因素，就是崇尚美，尤其是人类的美。那个时期画家和诗人们所创造的女性美各是怎样的呢？

文艺复兴时期意大利画家的画布上呈现着我们的圣母和希腊女神的美丽脸庞，他们表现了当时出现的令人惊叹的女性美的理想。

诗人并不甘居画家之后，但丁和彼得拉克在十四行诗中创造了诗意般描绘女性美的典范。

以后，所有写十四行诗的人竞相把自己真实的和虚构的心上人描摹成完美女性的化身。她们就像天使，眼睛宛若星星，步态婀娜轻盈。总之，有那么一套现成的美姿倩影，诗人则用越来越精巧的手法去加以补充。

在莎士比亚十四行诗中所描写的恋人，外号叫“黝黑的太太”，完全不同于文艺复兴时期的画家和诗人所描摹的理想化的美女形象。莎士比亚强调她是一个活脱脱的妇女，而不是理想的美人或五彩涂饰的木偶。

我恋人的眼睛一点不像太阳，
珊瑚比她的嘴唇还要红得多，
雪若算白，她的胸就暗褐无光，
发若是铁丝，她头上铁丝婆娑。

我见过红白的玫瑰，轻纱一般，
她颊上却找不到这样的玫瑰，

有许多芳香非常逗引人喜欢，
我恋人的呼吸并没有这香味。

我爱听她谈话，可是我很清楚，
音乐的悦耳远胜于她的嗓子，
我承认从没有见过女神走路，
我恋人走路时候却脚踏实地。

可是，我敢指天发誓，我的爱侣，
胜似任何被捧作天仙的美女。

最后两行诗抨击了许多写作十四行诗的诗人，其实，莎士比亚在所有的诗作里都嘲笑了矫揉造作的理想。他把现实的妇女同十四行诗人虚构的妇女对立了起来。

然而，问题绝不在和理想化的美人分道扬镳上，“黝黑的太太”在道德方面也并非理想人物。诗人清楚地知道她对他并不忠实，然而他却准备一切都宽恕她：

说实话，我的眼睛并不喜欢你，
它们发现你身上百孔和千疮；
但眼睛瞧不起的，心儿却着迷，
它一味溺爱，不管眼睛怎样想。

有一次，当诗人与情人暂时离别的时候，曾把她托付给朋友照顾，结果发生了双重的背叛。诗人痛苦地埋怨朋友：

唉！但你总不必把我的位儿占，

并斥责你的美丽和青春的迷惑。
它们引你去犯那么大的狂乱，
使你不得不撕毁了两重誓约。

诗人失掉朋友比失掉恋人更痛心。他从没信任过她，并知道她水性杨花。但是他却无限信赖朋友，失去朋友对他来说就更为可怕：

你占有她，并非我最大的哀愁，
可是我对她的爱不能说不深。
她占有你，才是我主要的烦忧，
这爱情的损失更能使我伤心。

这个引起祸殃的女人不仅折磨诗人，还折磨他的朋友。这使忘我而忠实的莎士比亚感到双倍的痛苦：为自己，也为朋友。

诗人仍然爱着他俩，他的心被这可怕的痛苦撕碎了。这两个朋友后来显然又言归于好了。

过了一段时间，不知怎么，诗人同样严重地伤害了朋友。这一回有过错的是诗人自己，他写了一首十四行诗：

你对我狠过心反而于我有利，
想起你当时使我受到的痛创，
我只好在我的过失下把头低，
既然我的神经不是铜或精钢。

因为，你若受过我狠心的摇撼，
像我所受的，该熬过多苦的日子！
可是我这暴君从没有抽过闲，

来衡量你的罪行对我的打击！

哦，但愿我们那悲怛之夜，
能使我牢牢记住真悲哀打击得多惨，
我就会立刻递给你，像你递给我，
那抚慰碎了脚心的微贱药丹。

但你的罪行现在变成了保证，
我赎你的罪，你也赎我的败行。

莎士比亚的十四行诗反映了三个人物之间关系的某些真实情况，在十四行诗中所讲故事多半是他本人的体验，黑美人的形象是那么富有生命力，永远刻在了莎士比亚的脑海之中。

多年之后，黑美人再一次在莎士比亚的笔下获得了生命，她就是剧本《安东尼与克莉奥佩特拉》中的埃及女皇。与十四行诗中的“黝黑的太太”同样水性杨花，同样具有无法抗拒的吸引力和魅惑力的美。

重新组建剧团

1594年初夏，黑死病蔓延告终，分赴各郡的演员都纷纷重返首都舞台演出。

首先恢复活动的是剧院老板腓力普·亨斯洛。他虽然不是剧作家，不是演员，却是一位值得详细谈谈的人物。

亨斯洛从当蒙塔古子爵管家的助手开始，走上了人生沉浮的道路。由于盗窃得手，他不得已离开原先的主人，并操持起自己那份小买卖。他从事各色投机活动，包括土地投机活动，同时也干有抵押放债的勾当。

在1591年，亨斯洛在泰晤士河右岸得到一块地皮，在那里修建了一座命名“玫瑰”的剧院。亨斯洛把这一场地出租给剧团，同时贷款给他们，这些剧团就这样落入了他的掌握之中。

亨斯洛也不拒绝把钱预支给剧作家，只要他们能够为在他的剧院中演戏的剧团写作剧本。他经办的一切事项，都由他有条不紊地一一记入账本。

一个受海军大臣庇护的剧团在亨斯洛的剧院中演出。领导海军大臣剧团的是杰出的悲剧演员爱德华·艾伦，他是伦敦人，比莎士比亚年轻两岁。

艾伦凭借马洛和基德的剧作，成长为一名演员。他荣幸地最先在舞台上朗诵马洛的一些角色的热情如火的独白，他那动人肺腑的朗诵艺术赢得了许多崇拜者。

16世纪90年代初，艾伦是伦敦最受欢迎的演员。他娶了亨斯洛的继女，与亨斯洛的关系由此而更加牢固。“玫瑰”剧院和海军大臣剧团也因而变成了亨斯洛和艾伦的家庭事业。

1594 年，莎士比亚重新回到戏剧创作上，他选择了德比伯爵剧团。在剧院里尽管地位低下，但他至少不用依赖庇护人的恩赐生活。

德比伯爵在 1594 年春天去世，于是剧团找到宫内大臣作为剧团新的庇护人，所以德比伯爵剧团改名为宫内大臣剧团。

作为新的剧团庇护人的宫内大臣，负责剧场管理以及宫内戏剧演出，他又是女王伊丽莎白信任的堂兄弟，剧团很难找到一个比他更有前途的庇护人了。

莎士比亚的后半生一直在宫内大臣属下，他的新作也决定了他及其所在剧团的命运。

宫内大臣剧团要求租赁亨斯洛的剧院场地。当时亨斯洛已开始修缮“玫瑰”剧院的房屋，他的剧团在纽因顿巴茨剧院演出。

亨斯洛把宫内大臣剧团合并进自己的剧团。“玫瑰”剧院修缮完毕，海军大臣剧团回旧地演出，这样宫内大臣剧团则同它分道扬镳，互相成为了竞争对手。

宫内大臣剧团主要的明星是年满 27 岁的青年悲剧演员理查·伯比奇。“海军大臣供奉”和宫内大臣之所以不能联合，可能就是因为艾伦不希望像伯比奇这样的对手留在自己的剧院里。

剧团第二块叫座的牌子是喜剧演员威廉·凯普，他在塔尔顿去世之后被公认为伦敦各剧院最优秀的丑角演员。其他一些演员也是自己那一行当的高手。

剧团是一个合股经营的同仁团体。在剧团中起领导作用的是入股的演员们。股金用来支付一切必要的支出：租赁演出场地，制作道具，支付剧本稿酬等。演出所得收入，由股东演员分享。

受雇扮演次要角色的演员构成剧团的第二个阶层。剧团的这一部分是不断变动的，其中如果有技艺高超的演员，很快就会转入股东之列。

女角由受过专业训练的男孩扮演，童伶的身份是学员，其中最有才华的以后也可以转入成年股东的行列。

让我们到400年前莎士比亚曾工作的剧场去瞧瞧吧。当时的剧院没有屋顶，四周有一圈墙壁，把剧场和街道隔开。

墙里沿墙筑有两三层高的回廊，较富有的观众就被安置在这里，这里的座位票价较贵。

大多数观众直接被安排在场子里。他们三五成群地站在远远突出在场子中间的舞台前面，所以，观众实际上是从三面围住舞台。没有幕布，也没有布景。尽管这种剧院的外表看来极为简陋，然而它绝不原始。

真正的成功者取决于他坚强的意志和顽强的追求，不论环境如何变化，如何对他不利，都不会丝毫改变自己的追求和希望，并且通过顽强的奋斗、克服困难，他必然能够最终实现自己的愿望，达到自己的目标。

莎士比亚为一个固定的剧团和一群固定的演员写作剧本，有时他还亲自登台演出。正是在这种环境中，通过与演员的日常合作，莎士比亚的能力才得到不断巩固。

莎士比亚在写作剧本时，能够对舞台上演这些剧本所需的条件考虑得十分周详，连最小的细枝末节也不忽略。

可以说，莎士比亚熟悉舞台，懂得表演艺术的规律，并且了解为了给观众造成最大的影响而需要的一切戏剧手法。就这样帮助剧团很快站住了脚，剧团再也不用担心新剧目了。

如果说宫内大臣剧团因为拥有莎士比亚这样的剧作家而鸿运高照，那么，莎士比亚遇到那些把所有丰富的舞台才能运用到剧本的演员们，也算得是一桩幸事。

宫内大臣剧团不只是一个为了共同管理剧团事务而组成的同仁团体，把他们团结起来的还有他们共同的创作追求，因此这一剧团的基本成员才能整整合作了20个春秋。

不懈奋斗

唯有埋头，才能出头，急于出人头地，除了自寻苦恼之外，不会真正得到什么。

——莎士比亚

写出佳作获赏

在1595年的一天，宫内大臣剧团奉命到格林威治为一对新人的婚礼进行演出。伊丽莎白女王与一些官员们也都参加了这个婚礼。

一切只是因为这对新人都是名门贵族的后人。新郎是赫赫有名的已故的斯特兰奇勋爵的儿子德比伯爵，而新娘是伯利勋爵的外孙女维尔小姐。

伯利勋爵是莎士比亚的庇护人扫桑普顿伯爵的监护人，他在心目中已经为扫桑普顿伯爵物色了一位门当户对的佳偶——他的外孙女维尔小姐。

扫桑普顿伯爵的母亲也主张伯爵娶维尔小姐为妻，劝他说应该早点结婚生子，现在瘟疫正流行，已经有很多年轻英俊的伯爵都染病死了。

伯爵的外祖父也加入他母亲的大合唱中，逼他早日成亲。因为承袭问题也是贵族们每天不得不想的令他们牵肠挂肚的问题。

伯爵不愿结婚，他认为自己年幼，结婚还是有点早，可能也因为他不想照看产业和养儿育女，希望享受独身自由。

伯爵有些厌恶女人，这种厌恶也许是暂时的，也许是他那圈子里的人故作姿态。在当时，亲吻搂抱与自己年龄相仿的男性朋友被认为是一种别具情致的柏拉图主义。

在瘟疫流行期间，去逛妓院或把城里的女人叫来欢娱一夜，就等于是自杀。与宫廷女侍睡觉也是危险的，因为伊丽莎白女王对那些破坏了宫廷女侍贞操的人会毫不留情地加以惩罚。

当然对于年轻的伯爵来说，洁净的睡伴也不是没有，上至贵族门庭的荡妇、下至市民的妻子。但伯爵就是希望享受独身自由。

伯利勋爵看到扫桑普顿伯爵不愿娶维尔小姐，实在没有了办法，只好作罢，并同意将外孙女嫁给愿意娶她的人做终身伴侣。

受伯利勋爵保护的扫桑普顿竟敢不听自己的话，叫他气昏了头，盛怒之下要对他罚款5000英镑，目的是要弥补扫桑普顿伯爵对维尔小姐的感情造成的伤害。

在婚礼举办的当天，宫内大臣剧团演出的是一出新戏，叫《仲夏夜之梦》，它被称为莎士比亚最迷人的一部喜剧。

作为年轻伯爵的专职婚姻顾问，莎士比亚感觉自己的处境也很尴尬，于是他专门为这场婚礼写了这部喜剧。

由于上谕命令要求演出新戏的时间紧迫，因而写戏排戏的时间都不长，戏中也出现了很多互不关联的场景。比如，恋人的几场戏、小仙人的几场戏和工匠的几场戏，它们都可以分别排练。

《仲夏夜之梦》写的是一个发生在仲夏夜的纯粹的浪漫爱情故事，它是由4条各自独立而又彼此相关的线索组成的：忒修斯和希波吕特的婚礼、仙王与仙后之间的小矛盾、两对情人的爱情纠葛以及织工波顿等手艺人表演的戏中戏。

以上所说的4条线索表现了雅典社会和森林仙国两个不同的世界。《仲夏夜之梦》的表演获得了极大成功，它为这对新人的美满婚姻锦上添花。

伯利勋爵看见外孙女欣喜无比，一高兴就免除了对扫桑普顿伯爵的那5000英镑的惩罚。

扫桑普顿伯爵也很高兴，因为被他庇护的莎士比亚竟能写出这么好的剧本，连女王看了也露出了笑容，扫桑普顿伯爵自觉脸上增光不少。

同时对于扫桑普顿伯爵来说，最重要的是维尔小姐总算嫁人了，这样以后再也没有人逼他与维尔小姐成亲了。

当喜剧演出结束回到府邸，伯爵就让管家把莎士比亚找到面前，见到他就说："亲爱的莎士比亚，我的朋友，我要好好奖赏你，你说吧，你有哪些要求？"

莎士比亚感到很诧异，不知道年轻的庇护人要做什么，一时语塞，站在那里木木的，没有说出话来。

"哈哈，我说的是认真的！"扫桑普顿伯爵笑着又大声说道，"你为那场婚礼写的戏我也看了，我理解你对我的良苦用心。"

扫桑普顿伯爵看莎士比亚提不出什么要求来，想来想去，就奖赏了莎士比亚1000英镑。这让莎士比亚受宠若惊，差一点没晕倒过去。

1000英镑可不是一笔小数目啊！当时宫内大臣剧团正以合股经营的方式重新组建剧团，莎士比亚正愁100英镑的入股资金。后来他在家乡斯特拉福买下的豪宅花了60英镑，买的120英亩的土地也没花到320英镑。

在得到扫桑普顿伯爵的巨款奖赏之后，莎士比亚为表达对伯爵的感恩之情，就写了一首挚诚的诗献给了伯爵大人：

当我受尽命运和人们的白眼，
暗暗地哀悼自己的身世飘零，
徒用呼吁去干扰聋聩的昊天，
顾盼着身影，诅咒自己的生辰。
愿我和另一个一样富有希望，

面貌相似，又和他一样广游，
希求这人的渊博，那人的内行。
最赏心的乐事觉得最不对头，
可是，当我正要这样看轻自己，
忽然想起你，于是我的精神，
便像云雀破晓从阴霾的大地，
振翅上升，高唱着圣歌在天门：
一想起你的爱使我那么富有，
和帝王换位我也不屑于屈就。

在这首诗里，莎士比亚说出了自己的心里话，同时也对年轻的扫桑普顿伯爵的奖赏感激涕零。

发表传世精品

为女王等私人团体表演固然重要，但各个戏剧团的主要营生是每天下午的固定演出。所演的剧目有观众一直叫好的老戏，也有演员们花了不少时间、精力和金钱试演的新戏。

新戏上场并不能保障每次都能成功，因为戏剧表演是个不稳定的行业。对于那些备经历练的剧界人士，也都无法在剧本上演以前确定它的价值。

16 世纪 90 年代中期，就在宫内大臣剧团初成立不久，莎士比亚写了一出极为成功的剧本，那就是《罗密欧与朱丽叶》。

像往常一样，莎士比亚脑子中构思的是个古老的故事，这也是他与当时大部分剧作家唯一的不同之处，从不利用当代的生活作为剧情。

在《罗密欧与朱丽叶》里，莎士比亚不仅用的是老故事，而且还是家喻户晓的故事。

在莎士比亚全部创作的生涯里，他都选择较旧式的故事作为自己剧作的蓝本，而全然不管他的同行们是否正在从事他们所谓的似是而非的创新。

身为作家，莎士比亚让人觉着最稀奇的一点，是他在选择题材时，从不写认为自己高高在上而瞧不起别人的作品。

早些年时，《罗密欧与朱丽叶》曾是伦敦舞台上一出叫座的戏。当时有个名叫亚瑟·布鲁克的青年，在看过之后感触甚深，就写下了一首诗篇。

莎士比亚仔细而留心地阅读布鲁克的诗，想根据它来写一部严肃的悲剧。布鲁克的风格愚稚浅俗，道行比他差的人看了都会跳脚，但莎士比亚偏能不温不火。

到16世纪90年代中期，这种意大利式的情欲澎湃激荡的小说显得有些过时了，可是莎士比亚并不在乎是否走在文学运动的前锋，他并不属于革新派的一员。

莎士比亚身为演员，所以他能以稳重、宽忍的谦虚，在许多蹩脚的戏里演出，而丝毫不减少他对戏剧的热诚。他对布鲁克也以如此的稳重、宽忍来全心接纳。

剧团一年大概要推出15出新戏，莎士比亚既然是固定团员，必然也要参与到表演之中。这些戏不全是好戏，从现存的少数几出来看，有些差劲透了。

举例来说，《李尔王》在宫廷首次上演时，宫内大臣剧团也另有一出戏同时在宫廷里演出，那是巴纳比·巴尼斯写的《恶魔的契约》。

《恶魔的契约》剧中的角色出乎寻常地多，莎士比亚就是想躲都躲不掉。一个演员倘若自觉剧本配不上他，那还谈什么排练呢！

因此莎士比亚一定是以一位优秀演员的谦逊和专注积极地协助，以使演出能够成功。

巴尼斯小心地把自己的剧本印了出来，然而那幼稚的通俗剧和《李尔王》比起来，真是天壤之别。

但莎士比亚却还要在其中演出，假如是较敏感的人，早就气坏了，唯独他在别人剧本的幼稚与粗俗当中，丝毫不受影响。

除了风格拙劣之外，亚瑟·布鲁克非要指给读者一个教训，这也是伊丽莎白的子民最爱搞的一套。

布鲁克操的心更多：“叙述给您看，一对不幸的恋人，不顾父母、朋友的训示和劝告，却与饶舌的醉鬼和迷信的教士共商大事。滥用合法的婚姻之名，试图掩盖秘密的婚约之处，终因秽乱的生活，而遽赴最悲惨的死亡。”

莎士比亚的眼睛略过了所有这些教训和对罪恶的惩罚，只看到布鲁克的“遽赴”两个字。他没有就罪恶和惩罚来做文章，却写了因仓促而造成的悲剧。

剧中人物的悲剧缺陷是因为他们都太匆忙，莎士比亚将原来的故事略加改动来强调这点。他把故事的行动由数月减为一周之内，在这“火热日子”的一星期里，一切急速地绽放，然后又急速地凋谢了。

布鲁克的朱丽叶是16岁，而他写的朱丽叶却只有14岁，而且她对罗密欧的爱情“迅烈如闪电”。

布鲁克几乎并没有对角色做出任何刻画，对于保姆，则让她就照顾朱丽叶一事做了连他自己都觉得“可厌的长篇叙述”。莎士比亚也对这个逗笑的角色做了一番陈述，首演之日观众爆出的欢笑一直回响到今天。

对于《罗密欧与朱丽叶》首先要做的事情是取得执照。剧本未经证明其中没有鼓动叛乱的情节前，不得在伦敦舞台上献演，以免带坏了易受影响的群众。

女王并不在乎戏剧里不雅或亵渎神明的情节，这些要到下一任女王继统时才禁止在舞台上使用。皇室只是要确定最受欢迎的传播媒介之一的戏院，不会做贬抑政府或女王尊严的宣传就可放行。

负责发给执照的人是狄尼。本来飨宴官只检查在女王御前演出的剧本，可是他却渐渐扩展了控制权力，甚至伦敦地区的所有戏剧。

狄尼的那个职位可是个肥缺，像《罗密欧与朱丽叶》的稿本送到他在可乐肯威的办公所在，还得附上7先令的费用。

剧本一旦领了执照，便不得再行增润，但是演员为了适应通常两小时的演出需要，就自由删节。

一般而言，莎士比亚的剧本都很长，他不是个很简约的作家，对于自己的气势力量并不节俭使用，也不会为多出的几个字而斤斤计较。

莎士比亚显然是凭着一股炽热而写，一旦纸笔在前，就再也中断不了，不会时时回顾，小心着剧本的长短。他完成的许多剧作都需3个多小时方能演毕。

因此，到了冬天，便不能在下午短短的白天里演出结束。正因为如此，莎士比亚的剧本在上演之前也必定要先行删节，而这个很可能在排练时由全体演员同意而完成。

莎士比亚剧团里的人都有多年的实际舞台经验，可以放心地和他们一起删减剧情而不出差错。同时这些删节也不至于影响原作，因为莎士比亚剧本的原作，可以在他的剧团授权给印刷厂时全部印出来。

在莎士比亚的原稿上，稿页边缘写有裁减的建议，稿末附有狄尼的签名。这些散页用线连接起来，再包上一层封皮，什么样的封皮都行，从草稿纸到过期的法律文件都成，只要经久耐磨就好。

等新戏登场之后，这本“书”便被小心翼翼地收藏起来，因为它是这个剧团有关这出戏的唯一正本，也是它正式领有执照的唯一证明。

执照之后下一步的花费可能就要付给为扮演不同角色的演员抄写戏词的人了。现在唯一存留的这种台词抄本是给艾德华·阿林用的，上头还有阿林改正的笔迹，不过与戏词的笔迹倒有几分相似。

一张平常的纸张纵分成6寸宽，然后贴在一起成为一长条，演员可以把它卷起或摊开。上面有前面一段话的尾巴，左面的页缘上则有演出的指示。

《罗密欧与朱丽叶》的角色分配大概不需费事。团里的演员们对彼此的工作十分熟悉，他们没有个人的野心，纯粹从整体的优异表现而着眼，自己便能相互商讨来决定角色的分派。

由于印刷商的错误，有一页《罗密欧与朱丽叶》的演员表给保留下来了，上面写着威廉·凯普饰演彼得。在该剧中最好的滑稽角色自然是保姆一角，而她的仆人彼得只有几句台词而已。

凯普是当时最著名的滑稽角儿，可是大臣剧团里却没有明星制度，只让凯普饰演他们认为最适合他的角色。

伊丽莎白时代的人并不认为演员角色是定型的。托马斯·波普是有名的丑角，可是一生当中他唯一固定演出的角色却是尊严的阿巴克塔斯，在同剧里演逗笑角色的反而是个名不见经传的人。

因此，我们不必以为作为演员的莎士比亚演的都是高贵角色，而且，当年他也没有今日的声名，他像团里所有人一样，扮演对整体演出最合适的角色。

灵巧而多变的演出是优秀的“固定戏剧团”的根本，而宫内大臣剧团正是这种剧团。

主要的角色分配妥当之后，次要的角色像市民、宾客什么的，可以由一人分饰两角色来解决。如果仍然不够，还可雇用临时演员，酬劳是一天一先令。

近代作家常为莎士比亚剧中没有合适的演员饰演女角而感到遗憾，更为朱丽叶要由一个童子来扮演而叫屈。这样的想法是对当时的情形不了解，因为伊丽莎白时的童子教养方式和现在不同。

当时一般男人并不觉得写写诗、弹弹琵琶、穿丝着绸、佩挂珠宝、涂抹香水是娘娘腔。

一直到清教徒兴起之后，人们才认为男人和女人的生活方式应该截然不同，而男孩的许多天性也就被压抑着，因为它们“不像男人”。可是在莎士比亚时代，团里的童男却十分明了什么会惹年轻女子笑，什么又会让她们哭。

此外，这些男童子日日接受戏剧大师的调教，与像理查·伯比奇这么出类拔萃的演员一同生活、一同工作，到该要他演女主角时，他已经耳熏目染，对演戏知之甚详了。

伯比奇受过训练，能唱能跳，并随时保持优美的体态。最重要的是他受过训，知道如何使用声音，以塑造并维持女子的形象。

莎士比亚写《罗密欧与朱丽叶》，心中便记着这点，他用剧词来制造气氛，不让那两个演员做太多的肌肤接触。著名的“阳台”那一幕，两个年轻人互相扯着嗓子示爱，彼此相互爱抚。

对近代剧作家而言，这是个不太高明的表达方式；现代剧作家宁愿让两个演员肌肤相亲来传达一见钟情的感受。

在布鲁克的诗里，两个小情人在舞会中静静地握着手，默默地坐着。而莎士比亚则让他们读了一首十四行诗。

全剧自始至终在爱情的场面里，他都必须依从言辞而非动作。为了这些优美动人的文词，实应深深感激童子演员们。

在舞会里，卡浦雷一声令下：“来，乐师们，奏乐吧！”一群乐师们便奏起乐来，因为在剧团里派个会演奏乐器的演员去担任并非难事。

莎士比亚的同辈像凯普等人，他们在丹麦“爱席诺”的宫廷中演出时，部分任务即是“带乐器出场”。

在这一时期，音乐是普通伦敦人生活中非常重要的一部分，即使像布莱德威尔那般的慈善学校也教授音乐，至于售卖格子纸让人抄写歌曲，则更是有价值又能赚钱的专利了。

莎士比亚在剧本里展示的音乐知识在当时十分平常，也因此可以看出他的观众们必然具备相同的音乐知识和热诚。

宫内大臣剧团若同海军大臣剧团一般，便应该拥有许多道具。《罗密欧与朱丽叶》倒是不需要什么道具，只要一些容易取用的就行，像保姆带上场的索梯、劳伦斯教士的篮子以及罗密欧用以转扭的铁棍等。

另外还要一张床给朱丽叶以及卡浦雷家的墓穴。宫内大臣剧团在《泰特斯·安德洛尼克斯》一剧里已经用过墓穴，不过观众们可不会喜欢两次都看到相同的墓穴，因此必须改装一番。

《罗密欧与朱丽叶》演出时，宫内大臣剧团恐怕也没打算使用逼真的布景。因为各景变换频繁，真配上景物，反倒减缓了行动的进展。

再说，对于训练有素的观众也无需这样。罗密欧和朋友们与持火炬的人一起进场时，观众便晓得这是街上，他正要去参加卡浦雷家的舞会。等这群演员离开，另一批演员手臂托着餐巾上场，观众们立刻便知晓场景改变了：卡浦雷家正在准备开舞会。

莎士比亚从来都不曾低估过观众具有创意的想象力，他明白观众的想象能够更快、更有效地建起卡浦雷的屋宇。

当莎士比亚想让站在下午阳光中的观众觉得，光光的戏台上的一对恋人，其实是在晚上的果园里时，他便转而借助诗歌的魔法和力量，而他那受过最精良训练的听众，一边听着罗密欧的声音，一边也看到了果树顶端月儿的银辉。

宫内大臣剧团都没有什么不平常的大花费，可是上演新戏时，置戏装却是免不了的。演员们穿的是当时舞台上的时装，自然不会是游街的衣服。

因为那样不能产生传奇的气氛，华丽的戏服会给人遥远、辉煌的感觉，因而戏服在任何剧团里都是一笔大开销。

宫内大臣剧团当然不会每演一场就置全套的新戏装，他们手边一定有大批行头，稍稍用点心思，便可使旧戏服焕然一新，尤其是舞会里扮活动布景的龙套，更可以用这种方式来打发。

旧戏服一用再用，直到再也不可用为止。但是在主角身上就不能这样节省了，更何况罗密欧和朱丽叶都是贵族人家，穿戴岂能不符合身份呢！

至于缝制戏服的师傅。似乎认定了让演员觉得越麻烦、越不舒服、花费越大越好。

伊丽莎白时期剪裁的基本概念是平顺不断的裁剪，用鲸须或是粗棉布衬垫使衣服拱起，好像与穿的人无关似的，不论男女都拼着老命束成极窄的纤腰，垫出个大大的屁股和宽阔的肩膀。

许多男人甚至穿上紧身袖，以达到理想的效果。有的甚至于袖子也用鲸须来撑挺。紧身衣则坚挺到穿者几乎弯不了身。

裁缝师傅大量使用棉花、马尾、谷壳或是破布来为顾客们缝制成当时流行的凸胀款式。

至于如何把这样僵硬的衣服与决斗场面中的激烈动作配合在一起，那就是演员自己的问题了。

所有的衣服都是经过烦琐的缚系束接才能穿上身，因而要想迅速换装，并非易事。像长筒袜连在紧身衣上，斗篷要用暗索在腋下绑着才能披在肩上等。

女人的戏服由于需要大量的大头针，更是繁复至极，她们衣服的各部分可以分开，以便运用不同的色彩组合，就连大头针也还有“大裙针”、“中裙针”等的分别。

围着颈际的襞褶也是一大问题。稍有一点社会地位的人，个个都在脖子上穿上那么一圈。在莎士比亚的剧本里，甚至连娼妇也照穿不误。这样的襞褶制作起来很麻烦，要把它浆得硬挺，再用热的凝结棒打上深褶，大些的褶子还需要在颈际绑上纸板和金属丝以为支撑。

伊丽莎白时期的衣服除了穿着很不方便以外，还经不得天气的变化，遇着大雨突降就是“世界末日”了，襞褶里的硬浆溶去，就只余下一圈废物绕在演员的颈脖上。再加上印染的技术还不到家，鲜艳夺目的色彩并不稳定，大雨一淋，真是惨不忍睹。

不过，不论戏服的制作如何麻烦，一到演出的时候，罗密欧、台伯特、梅丘帝欧的服装自然就会制作妥当，穿起来既帅又尽可以在决斗中拼个你死我活。

就从戏服的眼光来看，《罗密欧与朱丽叶》还有个优点，那就是不需要盔甲的战争场面，因为盔甲既贵，穿脱也极费事。

为了确定道具皆已准备完毕，而演员们也熟记着进场的暗示，在后台显眼处挂有一个大纸板，上面便写明了有关的各个事项，至于机关装置的安排使用时间也必须仔细算定配合。

有些剧团以罚款的方式来严格控制排练的情形。演员排演如果迟到罚 12 便士；倘是缺席，则罚 2 先令。正式上演时，在特定的时间内未能穿戴停当，罚 3 先令；若是灌得烂醉，则罚 10 先令；假使非因“生病的正当原因”而完全缺席，则罚 20 先令。

剧团里的人们通力合作，一切逐渐完成，各演员脑海中的角色也逐渐成形。《罗密欧与朱丽叶》的演员们不仅演出的经验丰富，晓得怎样才能做有效的集体表演，更有幸与角色的原创者共事，能够得到对角色内涵的指点。就这样，这出戏渐渐有了生命，每个人的付出也越来越大。

最后的花费便是做广告了。广告印在单页纸上，叫做“戏单”，在城里各处可能都会张贴，以招揽观众。这种广告花费也很可观，却是一点也省不得。

通常一出戏需要印制多少戏单，现在已无从知晓，只知一名剑客举办私下的比斗，订制了百份以上的传单作为宣传。

那个时期的戏单目前仅存有一张，恐怕也难以作为代表，因为后来并未演出。不过，假使这张《英国之欢》的戏单显示的是正常的程序，当时的习惯便是将每个重要的剧情都以华丽的言辞详加叙述。

一出新戏总会吸引大批观众，因此不必选在节假日的黄金档来上演。像《罗密欧与朱丽叶》可能会在礼拜三或礼拜四推出。

剧团花 30 先令左右制个丝旗，悬在角楼上，表示戏剧已开演。剧场里卖饮料、水果的都做了大量准备，收费人员也都各就各位，号手则等着说开场白的人暗示下来，全戏就正式上场了。

伊丽莎白时期的戏剧演出并不兴让观众出其不意，它让观众知所期待。假使进入戏院时尚不知道《罗密欧与朱丽叶》究竟是何故事，说开场白的人自会让你满意。

说开场白的人单刀直入地明说，这一出戏是关于两个不幸的恋人，最后以死殉情，因为双方家庭有世仇。接着扮演卡浦雷家里的两个小角色持剑带盾上场，全戏于是就开始了。

演出倘博喝彩，便纳入剧团固定戏目之中，也许在下周某个时间里再上演。如果失败，从此便被遗忘，别的新戏立刻又开始排演。

《罗密欧与朱丽叶》很快大获成功，人人都喜欢它，年轻人更是喜欢极了，因为它化他们的幻梦于诗，然后再还给他们。

16 世纪 90 年代末期有个讽刺家，讥嘲伦敦各式各样的年轻《罗密欧与朱丽叶》剧狂，说他们所谈的“无有他物，只有朱丽叶和罗密欧”。这些青年们在自己的佳言集录里记下了剧中的许多诗句。

罗伯特·阿洛特 1600 年出版了诗文选《英国诗文集》，其中收录《罗密欧与朱丽叶》的诗句之多，远超过引录自莎士比亚其他剧本里的诗。

《罗密欧与朱丽叶》的痴狂观众实在太多了，因此，1594 年印制《泰特斯·安德洛尼克斯》剧本与歌谣的约翰·丹特，在 1597 年又发行了《罗密欧与朱丽叶》的剧本和歌谣。

同时，在书名页上丹特特别指出，该剧迷住了许多人，获得“大大的赞赏”。看过的伦敦人还想再看，未看过的人更是急于一睹该剧，而丹特的版本也畅销一时。

但是，丹特版的《罗密欧与朱丽叶》实在不理想，它的讹误甚多，由于《罗密欧与朱丽叶》正本并未印行，丹特便只好东拼西凑一番，这种情形在当时是很普遍的。

丹特版制作人员既无莎士比亚的功力，又无听剧词的好耳朵，有些地方真是贻笑大方。譬如，卡浦雷要些干燥的木头，却说：“喊彼得来，他会带你去。”

由于饰演彼得的是威廉·凯普，丹特的“海盗版”凭着对威尔依稀的记忆，竟写下一句让所有演员都会疯掉的话：“威尔会告诉你到哪里去拿。”

此外，它对于舞台效果的破坏也很有一手。“阳台”那一幕中，当朱丽叶轻声呼唤罗密欧回来时，保姆一直在喊“小姐”。

海盗版居然让罗密欧也回答“小姐”，使人觉得他是在向保姆学舌。全剧不但错误百出，而且印刷质量很差，同一本书中竟出现了两种不同字体。

莎士比亚不是遭受这种虐待的唯一作家。乔治·柴普曼的一部十分流行的戏《亚历山大盲丐》，就被海盗版砍得体无完肤。

《罗密欧与朱丽叶》的成功是由于精巧的舞台技术和优美明晰的台词，然而全剧最大的功力却在角色的描摹刻画之上。

在英国舞台上，还不曾出现过像莎士比亚这样才气纵横的人，能够塑造出栩栩如生的人物。他在早期的剧本中已偶尔显示出这种迹象，但到加入宫内大臣剧团后，才开始在舞台上塑造出一系列逼真的人物。

创作 《威尼斯商人》

莎士比亚的剧本并非总是同无害的群众与娱乐相联系的，它们偶尔也会同轰动一时的政治事件有关联，比如《威尼斯商人》。

这里先要谈一下剧本《威尼斯商人》出现的先导，即伊丽莎白时代的宫廷斗争和阴谋。

伊丽莎白统治初期，她有一个股肱之臣伯里勋爵。为了不让过多的权力落入他的手中，伊丽莎白对经常出入她宫廷的魁梧英武的男子示好，时而把这个拉为心腹，时而把那位视为亲信。

赖斯特伯爵在很长一段时间内一直是她的宠臣，他在1588年去世后，埃塞克斯伯爵成了女王的宠儿，那时他22岁，而女王已经是45岁了。

尽管相差23岁，但是日见衰老的女王却知道用什么办法去笼络这位被许多贵妇淑女和小家碧玉钟情的年轻伯爵。

女王赏赐给埃塞克斯伯爵许多商业专利，他在征税官员的帮助下，从这些专利中得到了巨额收入。但埃塞克斯伯爵并不因此就俯首听命于女王，他很任性，常常和女王争吵。

女王不能容忍情敌，然而，埃塞克斯却在1590年结婚成家。女王同他吵闹一阵，稍后终于平息了怒气，宽恕了他。

女王需要埃塞克斯去对抗权力无边的大臣伯里。此外，把他拴在身边，并知道他的一举一动，总比较安全可靠。

宫廷斗争不断。以伯里为中心的宫廷老臣结成朋党；年轻人，其中包括莎士比亚的庇护人宫内大臣扫桑普顿，还有未来的哲学家培根则团结在埃塞克斯的周围。

两个宗派制造阴谋，互相攻击。有一天，埃塞克斯又抓住一个机会，打击政敌，同时向女王献忠。

西班牙国王腓力普二世一直在制造反对英国女王的阴谋。一方面，是由于宗教的原因，英国是新教国家，而西班牙是天主教国家；另一方面，是西班牙和英国一直在争夺海上霸权。

腓力普二世向英国派遣秘密特务吉诺科，指派他和伊丽莎白的御医建立联系。伊丽莎白的私人医生是享有盛名的葡萄牙犹太医生罗德里戈·洛佩斯。

吉诺科的任务是拉拢洛佩斯入伙，取得洛佩斯答应充当情报员的书面证据，让洛佩斯报告有关英国政治和军事方面的情报，以及关于海陆军的情报。

腓力普二世万万不会料到，他的特务来到英国，亲自找到大臣伯里勋爵，把这一切如实告诉了他。伯里觉得这件事既然还没有实施，所以没有必要采取什么措施。

但是，事情传到埃塞克斯那里，他早已对犹太医生深怀敌意，这又是打击政敌伯里的大好机会，怎能轻易放过。

埃塞克斯命令他的管家带人到洛佩斯家里搜查，虽然没有找到任何不利于这位可怜的犹太医生的证据，但他还是被逮捕了。

女王听到这一消息，将埃塞克斯召进宫，将他训斥了一顿。同时女王把他称作心浮气躁、胸怀偏见、好管闲事的人，并说她肯定她的医生是无辜的，她不赞同埃塞克斯的做法。

埃塞克斯遭到训斥，怒气冲冲地“砰”的一声摔门而去。他两天没有走出自己的卧室，出门以后，亲自提审了洛佩斯。1594 年 2 月 5 日，埃塞克斯把洛佩斯投入伦敦塔。

埃塞克斯还逮捕了几个与洛佩斯有关的人，其中有一个人叫菲拉拉。他们为了保命，作证说他们知道洛佩斯早已是西班牙国王的间谍。证据已然在手，埃塞克斯命令在2月28日，对洛佩斯进行审判。

法官们是最重要的达官显贵，包括埃塞克斯本人。精心构思的起诉书指控洛佩斯犯有间谍罪和毒害女王罪。

洛佩斯向天发誓，他的主要证人说的都是谎言，他们是奸细和撒谎者。人们都已看到洛佩斯全身伤痕，显然遭过严刑逼供，法官们却熟视无睹。最后判决，洛佩斯因叛国而被判处死刑。

为了堵住人们的质疑之口，两个星期以后，又对那个可怜的特务吉诺科和那个出卖朋友的菲拉拉进行审判，他们重申对洛佩斯的指控。

洛佩斯没有出庭，他没有机会再一次驳斥他们的供词。这两个伪证人如此卖力当然是为获得减刑保住一命。但他们的算盘打错了，他们也被判处死刑，因为他们知道得太多了。

4月18日那天，伦敦人聚集在伦敦塔，观看洛佩斯的死刑。有同情的，也有幸灾乐祸的，但大多数人只是喜欢刺激，看看热闹，毕竟这同他们无关。

警察局出动了大批警察维持秩序，为了防止意外，还准备了一切必要的警戒措施。正当那一精彩时刻要出现的瞬间，女王赦令突然来到，执行死刑命令推迟。

那些喜欢强烈刺激的人大失所望，为准备此次行刑而付出了那么多劳动的警察也是如此。

有的人认为洛佩斯可以逃过一劫了，但对于这三个葡萄牙人——洛佩斯、吉诺科和菲拉拉的判决在1594年7月7日还是公开执行了。

洛佩斯站在绞架旁再一次发誓忠于女王，说他崇拜女王，就像崇拜耶稣基督一样。周围的群众对他只是一阵嘲笑。

洛佩斯的遭遇在伊丽莎白时代的英国，在血腥的警察制度下并非绝无仅有。阴谋和死刑在当时是司空见惯的事情，正如无辜的人常被判罪一样。

有人说审判洛佩斯是为了挑起肆无忌惮的排犹运动，那是荒谬的。因为当时的英国并没有犹太人，他们在 300 年前就被驱逐出英国了。

然而，伦敦的无知人群，不管是显贵还是平民，都更倾向于相信洛佩斯有罪，因为他是犹太人。可见中世纪的许多宗教偏见还深深地保留着。

当对洛佩斯的起诉和判决掀起的狂热达到白热化的时候，海军大臣供奉剧团上演《马耳他岛的犹太人》，因为剧团的庇护人是判处洛佩斯死刑的法庭人员。

宫内大臣供奉剧团的庇护人是埃塞克斯的亲信，当然也应对这件事有所反应。这时莎士比亚写出《威尼斯商人》，并于 1596 年秋搬上了舞台。

剧本对同时代人的排犹偏见做了让步，莎士比亚把犹太商人夏洛克塑造成小丑，衣着臃肿和巨大的鼻子，被他刻画的高利贷主十分可恨贪婪。

伊丽莎白登基之初虽曾敕令放高利贷是罪行，但也规定了一分的利息为合法。莎士比亚的观众中有半数的人就在以高利放款或贷款，他们很明白《威尼斯商人》只是民俗剧，与当前经济状况无关。

也许夏洛克之罪不在于他的种族出身，而在于他的宗教信仰。当夏洛克的女儿说道“我将因我丈夫而获救，他已经把我变成了基督徒”时，在观众的眼中，她是可以被接受的。

莎士比亚在伦敦可能遇见的“犹太人”，皆是希伯莱族已受洗为基督徒者，然而其中应该没有夏洛克式的人。莎士比亚的“取样”应源于中世纪基督徒的传统思想。

由于传统思想的根深蒂固，就连大作家也不能免俗，如马洛的《马耳他岛的犹太人》，巴拉巴斯企图毒毙整城的基督徒，结果被丢进热锅中，大快了观众的心。

但是夏洛克的形象也并非只用单一的黑色涂抹而成，莎士比亚赋予夏洛克某些可爱的特质，这易引起人对他的伤怀感。

同时莎士比亚赋予夏洛克锐利的口才，替犹太人辩护，使得后人们仍在辩论夏洛克有罪还是人们使他有罪。这只有戏剧大师莎士比亚才可以做到。

写出连篇好戏

莎士比亚在16世纪90年代后期的作品，都洋溢着蓬勃的生机，大多都很圆满。但当时那个时代是沉重的，人民的贫困让人可怕，统治的专横令人难以忍受。

莎士比亚为什么在这几年的剧作中总是保有乐观而愉快的特征呢？

因为莎士比亚不想死在狱中，或者警探手里，他希望活着，希望活得有价值，就是创作。

莎士比亚明白，环境对戏剧家的活动有种种限制。出路只有一条：如果想为剧院写作，就得接受现存条件，尽量做他最能做的事情。

莎士比亚是怎样做到这一点的呢？我们可以看一下他的一部历史剧《查理二世》。

在1595年，宫内大臣剧团演出《查理二世》。它讲的是一个国王的悲剧命运：他沉溺于享乐，忘了作为一个国王的职责，把国事委托给宠臣。

当国王偶尔亲自处理国事时，又多次不秉公审判。比如，他无端判决把年轻的波林勃洛克驱逐出境。

当对国王的不满达到极点时，波林勃洛克返回英国，招募了许多党羽，发动了反对国王的战争，推翻其统治，自己当了国王，尊号亨利四世。

莎士比亚也创作了其他的历史剧本，这些历史剧本都肯定了国家统一和强大王权的必要性。但他肯定的是建立在法制基础上的王权，让握有全权的国王治理国家，然而，国王应当为民众福利，而不是为自己的个人目的去使用这一权力。

国王绝非权力神授的人物，他和其他人一样，同样是人，国王的不义激怒了勋爵们，他们就应起身推翻查理二世。

在《查理二世》中很容易看出莎士比亚的手法，凡是要求于一个顺民的，他都照办不误。他说英国是一个“统于一尊的岛屿”、“地上的天堂，第二个伊甸国”。

但是，莎士比亚也说道：

这一个像救世主的圣墓一样驰名，孕育着许多伟大的灵魂的国土，这一个声誉传遍全世界，亲爱又亲爱的国土，现在却像一幢房屋、一块田地一般出租了。

我要在垂死之际，宣布这样的事实：英格兰，它的周围是为汹涌的怒涛所包围着的，它的岩石的崖岸击退海神的进攻。

现在却笼罩在耻辱、墨黑的污点和卑劣的契约之中，那一向征服别人的英格兰，现在已经可耻地征服了它自己。

这一切可以说是剧本情节发展的需要，然而，站在舞台边沉思的观众可能会这样想：7 年前，他们就打败了海上的西班牙侵袭，为什么现在他们却同查理二世的臣民一样悲惨？

在国王廷臣们听到这样的台词时，他们会想些什么呢？

“我的心快要胀破了，可是我宁愿让它在沉默中爆裂，也不让一条没遮拦的舌头泄露它的秘密。

“国王已经不是他自己，他完全被一群谄媚的小人们愚弄。要是他们对我们中间无论哪一个人有一些嫌怨，只要说几句坏话，国王就会对我们、我们的生命、我们的子女和继承者严加究办。

“平民们因为国王苛征暴敛，已经全然对他失去好感。

“每天都有新的苛税设计出来，什么捐献金、德政税，我也说不清这许多，可是凭着上帝的名义，这样下去怎么得了呢？”

以上的对白都是指责查理二世的，但是以居民自愿捐献的形式出现的特别税收，在查理二世时代并不存在，这是伊丽莎白统治时期想出来的。

在当时的政治制度下，莎士比亚的剧本都采用了许多伪装的手法。上面的台词被分别穿插在剧本的不同地方，剧本的情节又是发生在 14 世纪末，这要早于莎士比亚两个世纪。

但是《查理二世》也不会如此轻易过关的，伊丽莎白认为查理二世的历史同本朝有几分相近。她同样因为过分追求奢华和享乐，因为把国事委诸宠臣而受到谴责。

伊丽莎白女王也担心自己遭到被废的结局，因此《查理二世》不仅上演时间很短，而且出版的剧本被删的地方也很多。

《查理二世》的结局是亨利四世当了英国国王，亨利四世后是亨利五世，莎士比亚继续用戏剧反映 15 世纪英国的命运，他接着创作了《亨利四世》这一历史剧。

剧本《亨利四世》描绘的是亨利王子放荡不羁的青年时代，以及他后来的转变：他当了国王，并在阿金库尔城下取得伟大胜利，从而使英国完全统治了法国。

莎士比亚描写了亨利五世，在亨利四世秉掌国政时期度过的青年时代。剧作在 1597 年公演，获得巨大成功。

剧作的成功，不仅是因为莎士比亚将亨利四世和叛变的封建主之间的内讧描绘得很鲜明，许多场景十分动人，还因为莎士比亚加强了剧本的喜剧性。

莎士比亚将王子放荡无赖与政治事件一分为二，每一个重大事件都和以王子为中心衍生出来的放荡行径的某些插曲错落相间。

在其中有一个特别令人瞩目的人物，他是一个老耄而肥胖的骑士，他叫约翰·福斯塔夫爵士，是莎士比亚不朽人物画廊中最能表现他喜剧天才的人物。

约翰·福斯塔夫爵士原来被命名为约翰·欧尔卡苏爵士，他在历史上确有其人，是亨利五世时代的人。

约翰·欧尔卡苏最初享有勇敢战士的英名，后以作为异端的罗拉派运动的领袖之一而闻名于世。亨利五世以最残酷的手段迫害罗拉教徒，约翰·欧尔卡苏成为牺牲品。

为了破坏人们对约翰·欧尔卡苏的良好印象，文人们虚构了一个故事，说他是胆小鬼、酒鬼和渎神者。因而，莎士比亚在塑造这个老赖汉和老骑士的形象时，把约翰·欧尔卡苏爵士的名字给了他。

也许是因为莎士比亚不很熟悉贵族家庭的家谱，出了纰漏，他忘了欧尔卡苏还有后裔，就是身居高位的宫内大臣柯勃汉勋爵。也许他是故意，因为柯勃汉直接管理剧院事务，却讨厌戏剧。

总之，柯勃汉勋爵认为这是一桩奇耻大辱，他那殉难惨死的先人在大庭广众下被诽谤为胆小鬼和酒鬼。于是柯勃汉勋爵带着全副武装的随从来到剧院，气势汹汹地威胁着让把欧尔卡苏的姓氏改掉。

莎士比亚一口应承，把这位肥胖的骑士改换了姓名，但剧本里仍然留下了这一姓氏的痕迹。

剧本开头，当这个老色鬼同亲王取笑打诨时，他问：“咱们那位酒店里的老板娘不是一个最甜蜜的女人吗?”

对此亲王一语双关地回答说：“正像上等的蜂蜜一样，我的城堡里的老家伙。”欧尔卡苏这一名字，英文意思是“老城堡”。

莎士比亚为人物寻找新的名字，他懂得，必须谨慎一点免得再招惹麻烦，可也得保持最起码的历史真实性，应该在15世纪的贵族中去寻找名字。

后来，他找到了约翰·福斯托夫。这个人确实从战场逃跑了，但莎士比亚也在担心福斯托夫的亲属可能出面干涉，毕竟他们经营伦敦最好的酒店呢！因此，他把约翰·福斯托夫改为约翰·福斯塔夫。

欧尔卡苏变为福斯塔夫成了伦敦戏迷最喜爱的人物之一。

吵吵嚷嚷的观众，成群结伙地站在舞台旁边，在演出时简直不肯安静下来，但是，“福斯塔夫使人群长久不‘咯吱咯吱’地咬胡桃吃。”

女王听说宫内大臣剧团正在演非常逗乐的剧，她居然赏脸观看了约翰·福斯塔夫爵士的滑稽冒险故事。女王看后的反应有些出人意料，她表示愿意“看福斯塔夫成为情人”。

伊丽莎白行将就木，可还是满脑子风流韵事，她对埃塞克斯的庇护就可以证明，她觉得这一主意挺好玩。

但是，当莎士比亚得知这一圣命时未必能笑逐颜开，众所周知，他的福斯塔夫早已过了谈情说爱的年龄。

普希金写道：“我们分析一下福斯塔夫的性格，那就可以看出，他的主要特征是好色。粗鲁庸俗地追求女性大概从小就成了他的首要嗜好，但现在他已经是50岁开外的人了，他发胖了、衰老了，贪食和美酒显然胜过了维纳斯。”

伊丽莎白弄不明白莎士比亚的构思，她是用一个日益衰老然而又卖弄风情的女人的眼光来看待喜剧的，她企图用对爱情的兴趣来掩饰自己的年龄。这个老妇人掌握的权力使她的任何一个任性的要求都变成了法律。

莎士比亚最终还是完成了女王的指令，而且是以难以置信的速度完成的，据说他只用两三个星期就写成了《温莎的风流娘儿们》。

莎士比亚仓促赶写，可以设想，他对女王的指令相当漫不经心。他并没有花费力气把它写成诗体喜剧，虽然他的大多数剧作都是诗体，这一剧本却几乎全是散文。

女王对这出喜剧感到满意，虽然莎士比亚没有毫厘不爽地完成女王的任务。福斯塔夫没有堕入情网，只是同时追逐两位市民太太而已，而那两位太太则巧设相思局请他入瓮。

到最后，福斯塔夫终于明白了事实真相，并承认说："这个例子说明，一个人不管怎样聪明，只要满脑子充满着愚蠢的想法，也能变成傻瓜的。"

福斯塔夫在《亨利四世》上下篇中是人们非常喜欢的角色，但到了第三部，莎士比亚再没有让福斯塔夫登场。

第三部剧中描绘亨利当了国王并取得对法国的胜利，尔后为了和原来的敌人请和而娶了法国公主。写这部剧本时，福斯塔夫的插科打诨只能打扰他的工作，也可能有损亨利五世的英勇形象，只得割爱。

福斯塔夫栖身的那家客栈的老板娘告诉观众，他没能参加英国人向法国的进军，因为他已去世。他的酒肉朋友、抢劫同伴、恶作剧的同道都很悲痛。

"福斯塔夫已经死啦，叫人好不悲伤。"

"但愿我常跟他在一起——不管他在哪儿，天堂还是地狱！"

这时老板娘就谈起福斯塔夫死时的情景：

不，他当然不在地狱里！如果也有人进得了天堂，他准是在天堂上亚伯拉罕老祖宗的怀抱里。他是好好儿地死的，临死的当儿，就像是个没满月的小娃娃。不早不晚，就在12时到13时模样，恰恰在那落潮涨潮的当儿，他两腿一伸，"动身"了。

他倒还在摸弄着被褥，玩弄着花儿呢，等会儿又对着自个儿的手指尖儿微笑起来了；我一眼看到这个光景呀，我就明白了：早晚就是这一条路了，因为他的鼻尖就像笔那样尖，脸绿得像铺在账桌上的台布。

"怎么啦，约翰爵士？"我对他说，"嗨，大爷，你支撑些呀！”

于是他就嚷道：“上帝呀，上帝呀，上帝呀！”这么连嚷了三四遍。

为了安慰安慰他，我就跟他说：“别想什么上帝吧，我但愿他那会儿还不要费心思来烦恼自己。”

这么说了以后，他就让我在他脚上多盖些棉被，我就把手伸进被窝里去试探了一下；一摸，那双脚就像两块石头一样没点儿暖气！接着我又摸他的膝盖，再又往上摸，往上摸，哎呀，全都冷得像石头似的！

整个世界文学里，再没有比这样更震撼人心的了。这是悼念舞台上古往今来最伟大的乐天派的一阙安魂曲。

在一张老版画上，我们看见前台站着肥胖的巨人福斯塔夫和身材矮小、瘦骨伶仃的老板娘。

两人站立的姿势很有特点：福斯塔夫威风凛凛地把喝干了的大高脚杯递给她，老板娘则驯服恭敬地伸出双手去把它接过来，自然是为了把它斟满。

剧本审查受阻

当时，各种历史剧目纷纷上演，有人在搜寻有趣的历史事件时，想出来要策划一部有关托马斯·莫尔的剧本。

托马斯·莫尔是英国伟大的人文主义者，曾一度任郡长，以后是伦敦市长，再后是亨利八世的大臣。

托马斯·莫尔的结局很悲惨，被国王判处了死刑，因为他反对同罗马天主教徒决裂，反对亨利八世同妻子离异。

但在伊丽莎白时代，托马斯·莫尔被认为是特别可耻的人，因为他反对亨利八世和第一个妻子离异，这也就阻碍了国王同伊丽莎白的母亲结成夫妇。

一天，莎士比亚和其他 4 位戏剧界的精英被请在一起，被聘请写关于托马斯·莫尔的作品。这部作品很快就完成了，这是 5 位戏剧家合作的佳作。

然后剧本提交给戏剧检查官检查，这种手续已经存在 200 多年了，检查机关形式上是由女王的宫内大臣主持，实际上，阅读剧本和批准剧本演出的是宫廷喜庆办事处的典礼官。

当时，宫廷喜庆办事处典礼官是爱德蒙·第尔尼。当他审查这个剧本时，他注意到开头描写了在当铺干活的伦敦手工业者对伦巴第来的工人的竞争不满而发生骚动，伦敦人准备对伦巴第人采取暴力行动。

在伊丽莎白时期，手工业者经常发生骚乱。检查官要求对剧本的这些场面进行改写，莎士比亚承担了改写工作。

改写的剧本交上去后，莎士比亚仍然忧心忡忡。剧本的发起人来找莎士比亚，焦急地询问："莎士比亚先生，您看这次能通过吗？"

"我已经尽可能把手工业者骚动的这一尖锐政治场面改得缓和些了，还加了托马斯·莫尔一片忠心为君主的台词。"

接着又说："同时，为了能在检查官面前表现出剧本'无害'，我已经竭尽所能，剩下的只有等待。"

莎士比亚正说着，门外有政府公文递过来，第尔尼要求莎士比亚到宫廷去问话。莎士比亚也只能听从这位官老爷的吩咐。

莎士比亚来到宫廷喜庆办事处典礼官办公室，见到第尔尼。第尔尼见莎士比亚来了，仍像没瞧见一样，低头写着什么，东西写完了，他才抬起头，冷冷地注视着莎士比亚。

"莎士比亚先生，您应该知道剧本公演是宫廷演出的准备阶段，我的职责就是审查剧本有没有价值为女王演出。我一向尊敬您和其他几位先生，并对你们的剧本寄予重望，期望好的剧本精彩的演出可以让尊敬的女王陛下满意。"

第尔尼接着说："可我看到的是什么本子呢？改过了一次仍然不能让人满意，这样的戏剧能给女王陛下看吗？"

"第尔尼先生，我知道您恪尽职守，这点，我深感钦佩。我同您一样尊重女王陛下，也殷切期望能使女王陛下满意，这个剧本我们确实已经竭尽所能。如果第尔尼先生有何建议，请您提出，我们不胜感激。"

"不是我说，莎士比亚先生，我自信在这些问题上我比所有的剧作家加在一起还要高明。你们现在完全删除起义及其根源，开头就写托马斯·莫尔怎样成为市长，以后演他在郡长任内的功绩，当时他帮助平息了反伦巴第人的风潮这件事只能做极简略的叙述，绝不能搞成另外的样子。否则小心你们的脑袋！"

莎士比亚看着这个仗势欺人的小人，心中腾起满腔怒火，他不学无术，根本不懂戏剧就可以对戏剧作品指手画脚，在这种人的审查之下，又怎能有高质量的戏剧。有的只能是哗众取宠，溜须拍马的垃圾作品！

莎士比亚抑制住怒火，没有同这个小人争执，转身离去。第尔尼在后面叫道：“喂，把手稿拿回去，还得继续修改呢！”

莎士比亚气愤地和其他剧作家讲起事情的经过，剧作家们义愤填膺。

“第尔尼算是什么东西，竟无耻地说比所有剧作家加在一起还要高明，我相信他的无耻，倒是比所有的剧作家加在一起还要高明得多。”

“我们同他理论去，还要我们小心我们的脑袋，他这算什么，这不是在威胁恐吓我们吗，我们去告他。”

“朋友们，静一静。”莎士比亚沉稳的声音插了进来，“我们都懂得同检察官发生争执是没有好处的，但我们也不能放弃我们的原则去满足他的不合理要求，所以就让这件事算了吧，这是最明智的选择。”

“也许我们可以托人联络一下，看看有没有转回的余地。”一位剧作家提出建议。

“第尔尼非常固执，而且托马斯·莫尔这个人太敏感，他毕竟反对过女王的父王离婚。这样的题材无论怎么写，那个胆小鬼心里都会打鼓的，算了吧！”

剧作家们只得无奈地接受了这一事实，这毕竟不是一个可以自由表达思想的社会。大家一致同意不再为这一剧本操心。

“可是，我付出的辛苦还有费用怎么办呢？”剧本发起人问道。

莎士比亚笑着安慰他：“先生，这么多的剧作家，写成一个新剧本不是一件很简单很容易的事吗？伙伴们，我们可以再次合作，写出另一部作品来，不过这次，可要小心一些，换个安全的人物来写。”

众人无奈地笑着，突然有人问道：“那手稿怎么办？”

莎士比亚斩钉截铁地回答：“就放在那吧，难道我们还要再一次受到这个小人的侮辱吗?”

在文艺复兴时代的英国戏剧家没有创作的自由，他们受到政府的检查，剧院稍有不轨行动，立即就会被政府探悉出来。

女王的机密厅不止一次审理过与剧院演出有关的案件，这些案件或是有人得知自己被舞台丑化，向机密厅提出起诉；或是戏剧家被控侮辱政府，这样案件就具有了政治性，戏剧家因此而受到严惩。

许多剧作家都受过审判，莎士比亚却一次也没有，这是他小心谨慎的结果。

同时，莎士比亚与许多剧作家有所不同，他根本不写当代题材的剧本。他知道这是个冒险的工作，因而他宁愿采用历史情节，以及发生在国外的故事。

忍受丧子之痛

莎士比亚追求贵族纹章，目的是要恢复父亲的荣誉，并取得绅士的资格，同时也要为儿子准备一个比当初自己踏上社会时更高的社会地位。

令人遗憾的是莎士比亚没有了男性继承人。1596 年 8 月 11 日，在圣三一教堂的教区登录册里，有这样一行文字："殡。哈姆涅特，威廉·莎士比亚之子。"

1956 年夏天的一个傍晚，莎士比亚正在写他的新剧本《约翰王》，突然一阵急促的脚步将他从工作的沉思中惊醒。

莎士比亚抬起头，看着来到他面前的人，原来是他在伦敦的老乡菲尔德。菲尔德满脸的焦虑与无奈，霎时，莎士比亚敏感地察觉到自己的家里肯定出了什么事情。

"威廉，你先别着急！你的儿子哈姆涅特病得很重，你妻子捎信过来让你回家看看，可能还能看上一面。"

莎士比亚顿时全身一阵战栗，哈姆涅特是他的独生子，只有 11 岁，莎士比亚对儿子抱有很大的希望。

莎士比亚每天埋案写作，辛苦的生活，就是为了他的家人，而哈姆涅特是他最大的希望和牵挂所在。

莎士比亚还记得两年前回到家时，哈姆涅特起初不敢接近他，后来熟悉后，父子俩开始快乐地玩耍、亲切地嬉戏。

莎士比亚还记得，儿子在他思索时总会帮他在茶杯里倒上水；他还记得，在他每次离开家时，儿子总会一直挥动着小手向他告别，即使马车已经走了很远很远……

莎士比亚在心中呐喊着，祈求自己的儿子等他的父亲，让父亲再抱抱他，再亲亲他的小脸。

回家乡的路还是那条路，树林还是那片树林，河流还是那条河流，可对于莎士比亚来说，他的儿子可能再也不存在了。当他回到家的时候，他可能再也看不到自己的儿子了。

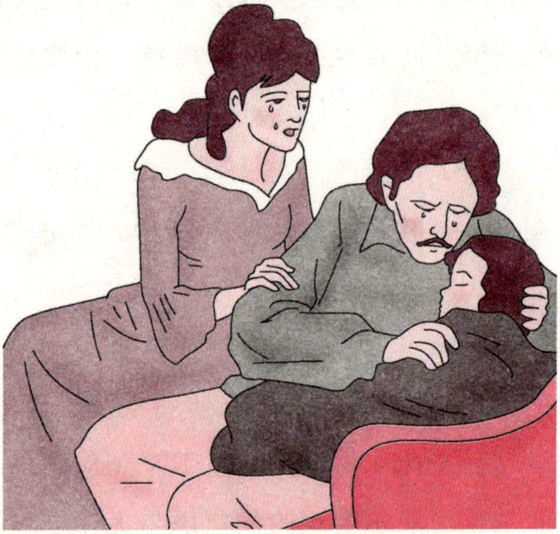

当莎士比亚赶到家的时候，哈姆涅特已经奄奄一息了，莎士比亚绝望地抱着儿子，痛哭失声。而站在一旁的妻子眼睛哭得红肿，自己的父母也衰老了很多。

痛苦已然存在，对于还在存活的人又能怎么样呢？莎士比亚只有昂首坚强地活着。家人需要他的支撑，而他必须为这些在世的人活着。

莎士比亚的父母都还健在，而且他的妹妹和3个弟弟都还和父母住在一起，他们都没有收入。

莎士比亚的妻子也已经40岁了，不能再生养。妻子在家里照顾着大女儿苏珊娜以及与哈姆涅特孪生的裘迪丝。

莎士比亚参加完儿子的葬礼后，肝肠寸断的他仍安慰自己的父母，说等他在伦敦奋斗几年，攒下一大笔钱后就回家买房置地，让家里人都过上好日子，他还说他再也不会离开斯特拉福，再也不会离开自己的儿子哈姆涅特。

莎士比亚在家里住了一段时间以后就又回到伦敦，接着写他的剧本《约翰王》。

在艺术家的体验中，他们的任何东西都绝不会无影无踪地散失掉。

当伦敦观众此后不久观看莎士比亚的剧本《约翰王》的时候，所有的人都在为少年王子亚瑟的形象所感动。

亚瑟是一个极可爱的孩子，同时又显得天真、聪慧和坚毅。他是合法的王位继承人，而对国王是一个障碍。后来，他被杀害，成为国王贪恋权力的牺牲品。

观众看着这些场面，思索着国王们骇人听闻的残忍，对这类国王来说，世上绝对没有什么神圣的事物。观众同情地倾听着王后康斯丹丝哀痛的呼号：

小亚瑟是我的儿子，他已经失去了！我没有疯；我巴不得祈祷上天，让我真的疯了！因为那时候我多半会忘了我自己；啊！要是我能够忘了我自己，我将要忘记多少悲哀！

激动万分的观众并不知道，他们所感受到的是诗人的悲痛。莎士比亚必须把自己的悲哀尽情倾吐。

莎士比亚没有写悼念儿子夭折的哀诗，十四行诗中也没有一首是用来表现这一家庭不幸的。

但是，作为父亲的莎士比亚，他的哀思反映在《约翰王》的诗行中，痛苦绝望四溢，连犯渎神罪都不在意了。

从下面的字句里，我们可以看出莎士比亚仍然怀着失去儿子的悲伤心情：

奇怪的是死亡也会歌唱。我是一只惨白无力的天鹅的雏鸟，目送着他为自己悲哀的挽歌而死去，从生命的脆弱的簧管里，奏出安魂的乐曲，使他的灵魂和肉体得到永久的安息。

我也要跟你同去，找寻这可怜的孩子的遗产，一座被迫葬身的坟墓便是他的小小王国。

我们再来听听康斯丹丝王后的台词吧，你们会听出被痛苦压倒的莎士比亚的声音：

主教神父，我曾经听见你说，我们将要在天堂里会见我们的亲友。假如那句话是真的，那么我将会重新看见我的儿子，因为自从第一个男孩子诞生起，直到在昨天夭亡的小儿为止，世上从来不曾生下过这样一个美好的人物。

可是现在悲哀的蛀虫将要侵蚀我的娇蕊，逐去他脸上天然的美丽，他将要形销骨立，像一个幽魂或是一个患疟疾的人，他将要这样死去；当他从坟墓中起来，我在天堂里会见他的时候，我再也不会认识他，所以我永远、永远不能再看见我的可爱的亚瑟了！

莎士比亚见到儿子濒死的挣扎不能不感到痛苦。诗人目睹并记下了这一切：死亡的苍白，枯瘦纤细的身体，把孩子带进坟墓的热病的致命发作。

莎士比亚的儿子名叫哈姆涅特，他以后多少回叫喊着这个名字啊。对他来说，这也许是世界上所有名字中最可宝贵的。

大概对儿子痛苦的忆念使他以后注意到了那个同名的主人公，哈姆涅特和哈姆莱特——两者是同一名字的不同写法。

儿子是所有人的家族得以延续不绝的一环，莎士比亚没有了儿子，但是，他却使自己儿子的名字永垂不朽。

晋身名门贵族

对于天才来说，创作是一种本能需要，而创作的目的可能是为了金钱。

罗曼·罗兰在谈到莫扎特时写道："对于忧心忡忡、病魔缠身的天才，创作可能变成精神折磨——痛苦地寻找正在失去的理想。对于莫扎特这类健康的天才，创作却是一种真正的、十分自然的乐趣。对他们来说，它仿佛是一种肉体的享受。演奏和谱曲，如同吃喝、睡觉一样，是莫扎特健康必需的机能。这一必不可少的需求，令人怡然自得，因为它不断得到满足。"

如果我们希望懂得莫扎特信中谈及金钱的地方，我们就应该牢记这一点。

莫扎特说道："请相信我，我的唯一目的是想方设法多多挣钱，因为在人世间，钱是身体健康以外最好的东西。"

莎士比亚是在父亲家道中落时离开故乡的，他的家人需要金钱的支持。

演员的工资收入很丰厚，有的剧作家因演员的收入比自己优厚而极为生气。莎士比亚的工资收入并不高，他写剧本赚的钱不多，刊印剧本，作者没有任何收入。

要是莎士比亚收入颇丰，那么，这并不是由于他写剧本，而是因为他在剧团里入了股。莎士比亚本身也是演员，演出时也分得了属于自己的一份薪金。

作为剧团的股东，莎士比亚的收入更多。每个股东在剧团收入中能分到很大一笔钱，在偿付了所有开支后的纯收入总额中约占 1/6 到

1/8。

即使莎士比亚是戏剧大师，但他并不是住在天上，而是活在人间。他的创作是他心灵的自然追求，他创作时不考虑金钱问题，但是，为了安静地从事创作，他需要物质收入。

一天吃过晚饭后，老约翰开始和他的儿子威廉在一起喝茶。他知道儿子已经从丧子之痛中慢慢平静下来了，应该可以讨论一下家族的大事了。

莎士比亚发现父亲有事情和他商量，他一直很敬仰父亲，父亲曾从一个佃农的儿子做到市长，并不容易，然而世事难料，家道中落，但父亲毕竟在不断进取努力，也许他改变家庭的雄心和不断拼搏的斗志就来自父亲。

“父亲，您有什么要对我说吗?”

“威廉啊，我知道哈姆涅特的死对你打击很大，但你是这个家的支柱，不应总是沉浸于儿女之情，现在应该想一下我们这个家和你的社会地位，这是我们一家人始终悬着的一件事。”

莎士比亚知道父亲始终为家庭的社会地位努力着。当初，父亲娶母亲既是为了感情，很大的原因也是想通过联姻加入到贵族行列。然而这是于事无补的：妻子的名位头衔是不能转让给丈夫的。

父亲想成为贵族，无非是想使自家的社会地位更荣耀，并且摆脱佃农的身份。所以，早在父亲担任斯特拉福市政厅的要职时，他就想弄到贵族的头衔。

当然这并不是办不到的事情。威廉·哈里逊在《英国记》中写道：自耕农“是这样富足，许多人完全有能力购买破产贵族的土地，还常常送儿子进中学、大学和法学院，或者通过别的方式安排儿子的前途。留给他们足够的土地，使他们能够坐享生活，并从而给了他们跻身贵族的晋身台阶”。

“1568 年，在我当初身为市长的时候，纹章事务官罗伯特·库克来访问斯特拉福，我以市长的身份接待了他。他在授予贵族纹章上一向很慷慨，当然这并不是毫无代价的，这要支付大量的金钱。他已经答应了我的要求，只是我手头还不足以支付这项开支。

“直到8年后，我有了足够的金钱，在罗伯特·库克的参与下连纹章的图案都已经设计出来了。我们很快就会有贵族身份了。可是你知道，我开始破产了。”

莎士比亚静静地听着，一直以来家里所发生的事情都历历在目。他知道父亲的伤心事。作为儿子，他应该帮着父亲完成心愿。

当然，获得贵族头衔也是莎士比亚心里一直所想的。作为一个艺术天才，在这个不平等的阶级特权社会，他为什么不可以得到相应的社会地位？威廉·莎士比亚决心取得他的父亲没有得到的东西。

“父亲，我明白你的心愿，虽然20年过去了，但您还健在，我将让您获得贵族身份，重整家业。明天我就呈递申请。”

“谢谢你，儿子，我们家族因你而自豪。”

莎士比亚紧紧拥住了父亲，老约翰的脸上热泪纵横。

第二天，莎士比亚呈递了一纸呈文，申请授予他的家族氏族纹章。呈文是以父亲的名义呈递的，因为根据习惯，纹章只能授予家中的长辈。

在不平等和阶级特权统治的社会里，智力出众和艺术天才，并不是取得与其相应社会地位的必要条件。

首要的事情是必须找到纹章局方面的庇护人。扫桑普顿曾经办过这种事情，着实能助莎士比亚一臂之力。其次得付钱款答谢办事人员。然后纹章局中甘愿效劳的专家们才着手工作，他们熟悉有关法律，可以证明具呈人无可争论地有权获得贵族纹章。

这一切手续均已完备。我们能够见到约翰·莎士比亚及其子孙后代拥有贵族纹章的证书的以下根据：

第一，证书确认莎士比亚的先人“勇敢而忠诚地为国王效劳，他们为此而受到英明的国王亨利七世的褒奖”。

第二，约翰·莎士比亚通过妻子玛丽同阿登这一贵族家庭联了姻。

第三，在20年前，约翰·莎士比亚在斯特拉福市长和治安法官任内就已具呈申请，当时，罗伯特·库克这个在纹章局中占有相应职位的人，已把他家的纹章图案提交给纹章局。

第四，约翰·莎士比亚“拥有土地，房屋和价值500英镑的财产”。

在莎士比亚生活的时代，“家道殷实的人，要是他们没有直接从事如经商这一类卑贱的事业，如果他们能够在呈文中指明本族谱系久远，说明财产状况，就能通过纹章局官员用钱买得贵族纹章”。

关于财产，莎士比亚家能够交出确切的材料来证明。讲到谱系的久远，如果不凭借想象就难以过关了，好在家里就有这么一个富有想象力的人。

莎士比亚家的纹章美观而简单：一面金盾，上面有黑色条纹横过，对角斜放着一支长枪。在盾上方的花环上站着一只鹰，一只高举的鹰爪擎着长矛。

从此，约翰·莎士比亚及其后代都可以把这个纹徽刻在戒指、图章、大厦、器皿、衣服、墓碑以及纪念碑上作为炫耀了。

纹章的象征意义是和莎士比亚名字的含义——“用枪震撼”相吻合的。纹章图案上绘有的雄鹰，是与王族接近的一种象征。莎士比亚家纹章上的箴言是“非无权也”。

虽然感觉莎士比亚追求贵族纹章的做法可能显得很幼稚，甚至是可笑的虚荣。但是在伊丽莎白时代还保留着许多封建等级的观念，属于某个阶层，对社会地位来说绝不是无关紧要的。

莎士比亚开始独立生活时，从事的是几乎毫无权利的演员职业。成为宫内大臣和穿上带金银边饰的号衣绝不是一种荣誉。

莎士比亚既是演员，又是剧作家；他通过艰苦劳动，才赢得了财产和社会地位。莎士比亚并不是平白无故交上好运的。因此，莎士比亚追求这种贵族名位就没有什么奇怪的了。

1597 年 5 月，在莎士比亚家获得纹章不到一年的时候，威廉·莎士比亚就下决心买下了斯特拉福城第二大的一栋房子。

当莎士比亚忙完剧团的事情后，莎士比亚决定回家为家人购置新房产了。他的家人挤在破旧的老房子里，现在又拥有了贵族身份，更应该添置产业了。

莎士比亚早就看上了新宅。它位于市政厅教堂和他的母校对面，虽然只是一栋房子而已，但它却是斯特拉福崇高地位的象征。

新宅原先的房主休·柯普登爵士曾经是伦敦市长，他建这幢“我的大屋”是为退休养老用的，在教堂里他还拥有专门的坐席。

1543 年柯普登归天之后，新宅尚被描述成是“一所漂亮的砌砖和木头房子”。在斯特拉福，砖块并非常用的建材，那时的薄砖似乎并不能耐久。

现在的房主是威廉·恩德希尔，他是一个贪婪狡诈的人。经人安排，莎士比亚和恩德希尔见了面。

“恩德希尔先生，我有意购买新宅，当然这是一座老房子，叫新宅已经不适合了，您打算开价多少？”

恩德希尔是个 50 多岁的小老头，他眯着眼摸着两撇山羊胡，心里默默盘算，打算捞到一笔。

“莎士比亚先生，这是一座好房子，还有两个谷仓，两座花园和两座果园，地点也好。我认为以您的身份，您可以支付这座房子的费用，不用同我讨价还价，这会降低您的身份，我认为 70 英镑您认为可以吗？”

果然是个贪婪狡诈的小人，想借机敲诈一笔啊！莎士比亚望着这个贪婪的小老头，不禁一阵厌恶。

"恩德希尔先生，我虽然是个做戏剧的，但并不表示我不食人间烟火，你这是狮子大开口啊！"

莎士比亚接着说，"我并不想为这事同你纠缠下去，我出到60英镑，这已经很高了。如果你认为这座老房子可以给你带来更高收入的话，你可以耐心等待。祝你好运！"

恩德希尔见莎士比亚起身要走，忙拦下他说道："莎士比亚先生，您实在精明，我同意您的价格，这座好房子归您了，我们签合同吧！"

在莎士比亚的童年时期，新宅就已经是年久失修了，因此要对它进行整修。

莎士比亚亲自监督这一工作的进行，他还卖了一吨石块给市政厅修葺艾汶河上的石桥，这些石块就是其中一座摇摇欲坠的谷仓拆除后的剩余物。

新宅是莎士比亚买的第一所房屋，他以日常家务事为乐，这一点反映在他这个时期以及后来全部剧作的家常生活想象中，成为他的特色。

"我们的权力紧缠在和平的部门上""同蜜蜂一样从每一朵花心采蜜"，因为莎士比亚正在整顿荒废多年的花园，那里当然有的是蜜蜂。

新宅对于莎士比亚家具有的意义，不仅是拥有了一座不动产，更意味着莎士比亚家在斯特拉福城社会地位的重振。

斯特拉福的市民很快知道了莎士比亚现在所拥有的财产。在1598年1月24日，市政厅的一位最可尊敬的成员写信给当时在伦敦的朋友，一个叫理查·奎尼的人，他告诉奎尼，莎士比亚先生投资地产，不妨向他建议购买斯特拉福的一块土地。

同年秋，正是这位理查·奎尼，他在伦敦为斯特拉福市政厅办事时遇到了麻烦。1598年10月25日，住在"钟声"旅馆的他，直截了当地向他地老乡莎士比亚写信求助：

“亲爱的老乡，我斗胆把您作为朋友，向您写信，请惠借30英镑，由布舍尔先生或者米顿先生为我担保。罗瑟尔先生还没来伦敦，我落入了十分狼狈的境地。请您提供友谊的帮助，为我清偿我在伦敦所欠的债务。”

下面紧跟着奎尼所给的有关的担保的详细细节和尽快答复的请求。

现在“尊敬的”和“亲爱的”老乡莎士比亚已经赢得了斯特拉福市民的尊敬。经过这么长时间的努力之后，莎士比亚一家终于步入了贵族行列。

莎士比亚享受着宁静温馨的家居生活，有时下午他从花园里仰望，可以看见小学生在他屋角的十字路口向东西南北飞奔。

那时那地，莎士比亚很自然地会把敌军溃散描写为“像学校散学时每个学童急急忙忙回家或去球场”，与早晨他同样注意到的孩子们像蜗牛爬行一样去上学的样子全然不同。

莎士比亚心里一定很难受，本来他的儿子哈姆涅特也应该在他们的中间。

参加剧团的巡演

依赖顾客们无拘无束的花费而存在的伦敦各剧团，受到了当时英国经济不景气的影响。在1596年7月，71岁的亨利·汉斯登爵士过世，更使剧团遭受重击。

政务大臣的遗缺由柯伯汉爵士继任，他是讨厌戏剧的人。因此，伦敦市长立即抓住机会对演员们施加压力。就这样，新剧本在伦敦就没有市场了。

不过，莎士比亚的剧团在这一年仍然在女王御前献演了6出戏。到了3月，政务大臣之职又回到了汉斯登家的乔治之手，剧团的前途又稍见曙光。

新政务大臣尽管同情演员，但伦敦市长仍不放弃拯救该市免于罪恶的沉沦。他与市府参事在1597年7月28日合写了一封长信给枢密院，列举演员所带来的各种大灾难。

信里说那些戏剧是“使青年堕落的一个特别的因素，内容有不洁之事、淫乱之情节与邪暴之演出”。从清教徒的眼光来看，《罗密欧与朱丽叶》倒是很符合这个描述。

就在这封信送出去的当天，枢密院便发布了一道政府命令，命伦敦城内所有戏剧停演，所有戏院夷平。

枢密院关心的倒不是《罗密欧与朱丽叶》会败坏青年人的心志或影响戏院的营业，而是担心戏院可能会散布叛国的思想。

有人密报，新成立的“潘布罗克”剧团在天鹅剧院上演的一出戏内有“非常叛逆与毁诗之情事”。

因而有3名演员被即刻下于马雪西的狱中。虽然这出名为《犬岛》的作者汤姆斯·纳什早已脚底抹油溜之大吉，但他的寓所却遭大肆搜检，期望能发现更多可疑的作品。

纳什一度出没在马洛和格林四周，是那群老派、易冲动而文采出众的大学人士中仅存的一个，他仍然像大学毕业生般调皮捣蛋，喜好挖苦嘲讽。

枢密院的重令雷声大雨点小，伦敦并无哪家戏院给夷平，倒是戏剧演出真的中止了一段时间。无奈各家剧院关闭，不久所有的剧团又纷纷上路。

巡回演出不像在伦敦的大戏院里那样舒服而收益多，演出的场所也仅限于当地官厅里或客栈的空地上。宫内大臣剧团先后到过好些地方表演。

1597 年 8 月，宫内大臣剧团来到了黑麦城。当地沿海峭崖上长着一种肥厚多肉的植物，叫桑怀尔。秋天来时，人们采了桑怀尔加以腌渍，然后在伦敦街上售卖，作为配肉的青菜。莎士比亚在《李尔王》中对采收的情形曾描述过。

黑麦城滨海，环城有墙，是个古城。曾经是个良好的港口，可惜受到背后沼泽的侵蚀，就渐渐失去了作为港口的作用。

宫内大臣剧团另外还去了一个因一桩谋杀案而闻名的地方——菲微桑。菲城正蓬勃发展，以产牡蛎著称，它的市场里也有一口钟，很像斯特拉福的情形。

如果一切进展的顺利，走过了英国东南部，宫内大臣剧团应该转头回伦敦去了。

但是在枢密院和市长的严密监视下，伦敦剧院依然紧闭，宫内大臣剧团只有继续西行，前往伯利斯多和巴斯两地，那儿有英国最好的戏剧观众，途中还经过了“不给演员执照”的马孛罗镇。

巴斯的情形却非常不同，各剧团在这里都受到欢迎。这个古城平均每年都要演 15 至 20 出戏。

1597 年，在巴斯城演出的剧团除宫内大臣剧团外，还有其他 4 个剧团。

巴斯是个时髦城市，许多贵族大家在此都置有产业，不在那里住时便租给别人。

宫内大臣剧团的恩主乔治·汉斯登，“拥有当地最尊贵的屋宇”，并深信当地的水具有很奇特的疗效。

女王只相信审慎的饮食和充足的运动，曾写信给汉斯登说：“我忍不住要怀疑……你没被那大桶大桶往你身上倒的水淹死才怪。”

9 月，宫内大臣剧团在伯利斯多表演，这是艾汶河畔的另一座城市，在巴斯西北的一座小山上，也是英国要城之一。

伯城在好些方面都像是小型的伦敦，该地居民的文化水准必然特高，因为全英国第一座免费公共图书馆便在此建立。

市政厅里常有巡游的剧团公演。1597 年 9 月，宫内大臣剧团在市政厅演出，演员们还获得了 30 先令的酬劳。

宫内大臣剧团秋天抵达伯城时，该地景况并不顶佳，经济不景气和歉收影响甚大，市长下令所有市民必须“尽自己收入可能尽量收容穷人，以免发生暴乱”。

10 月来临时，宫内大臣剧团的人大约已经返回 115 英里外的伦敦了。同月 8 日，本·琼生自马雪西被释，亨斯洛的“玫瑰”戏院也在 11 日重新开业。只有天鹅剧院仍然关闭，这个冬季大概又渐渐恢复正常了。

然而，所有的行业都感觉到，伦敦改变了，往昔的好日子已经不再。首先在心理方面发生了改变，而抱着世纪末幻想破灭心情的是作家们。

16 世纪 90 年代末期这些绝望的时髦青年，开始背弃上一代，认为自己对于所存在的世界有崭新的发现。

对于文艺复兴时的一大特点——喜爱行动，青年们另有意见，坚信世界是罪恶的深渊，坐下来指出它的邪罪才是唯一值得做的事。

对于文艺复兴的另一大特色——喜爱美好，青年们则代之以对性爱的恐惧与探究畸形性爱的兴趣。至于文艺复兴时的活力，他们则以灵活的思想取代。

青年作家们开始一窝蜂地指述“沉沦于罪恶中的世界”里的各种罪恶，这种讥讽的风潮在1599年达到巅峰，使得惠特基福特主教不得不下令禁止出版，其中一些作品多遭到焚毁的命运。

在众多青年里，对这种新式的讥嘲写作特别感兴趣的是本·琼生，就是那个因写《犬岛》而入狱的演员。

在马洛光芒万丈的时节，本·琼生还只是10多岁的孩子，等他开始写作，那浪漫派的作风几乎成为过去，而且他也没有半点那方面的兴趣。

虽然1597年本·琼生曾受雇于亨斯洛，为他写些传统的旧式剧本，但是当他出版自己全部的剧作时，为亨斯洛所写的剧本却一部也没收进去。

第一部本·琼生愿意称为自己的著作的是《个性互异》，这是他在1598年以新方式所写的讽刺性喜剧。由于伦敦的文学气氛已经改变，所以此剧大获成功。

本·琼生这出戏是严谨的罗马喜剧，以古典的手法写成。他严守三一律，甚至谨遵旧日古典喜剧之精神——鞭惩邪恶，并无意展示真实的人们，只是简化了典型角色。

这正合本·琼生的天性，他喜欢抽象、喜欢精简，他只对人们的特异处有兴趣，却没有莎士比亚的才华，能够见到完全的人类。

由于宫内大臣剧团上演《个性互异》，使得本·琼生能与莎士比亚密切接触。莎士比亚和伯比奇、赫明、基斯共同演出了这部喜剧。

就这样开始了本·琼生与宫内大臣剧团之间虽时常中断却绵长不绝的关系，也开始了本·琼生和莎士比亚之间虽长久却激情起伏的情谊。

莎士比亚是少数未曾公开与本·琼生争吵的作家之一。不过私下里两人对于剧本写作定然有过分歧。

莎士比亚和本·琼生在写作的艺术方面有着完全不同的观点：莎士比亚以为天下人何必个个相同，而本·琼生则有自己的写作理论，决不容许异象存在。

本·琼生曾受过学院教育，确认正确之写诗方式是先以散文写下意念。莎士比亚笔下奔腾，从未听过有这档子的规则，本·琼生为此觉得抱憾之至。

本·琼生酸刻地批评莎士比亚“那般快速地流泻，有时真该堵他一下”，对于莎士比亚的演员同伙盛赞莎士比亚送来的剧本字里行间绝无涂抹修改，更是不愿置信。“他早涂过1000处了。”他说。

本·琼生对自己的剧作曾做过许多仔细地考据，因此对于莎士比亚这个不注意史实的同行，觉得不是滋味。

莎士比亚过世后三年，本·琼生还念念不忘莎士比亚在“方圆数百里之内无海”的波希米亚境内放上了一个海岸。

莎士比亚这个海岸是在格林的一篇通俗小说里找到的，他也没有想到要去探究一番，他只注意到故事本身。

本·琼生可不一样，他要先翻地图，请教专家，把事情弄个水落石出，才能再继续写下一行。同时，莎士比亚也不管什么三一律，悲喜剧一锅熟，教人觉得他真是毫不顾及文学法则。

不过，两人间尽管有着这些差异，本·琼生却敬爱莎士比亚，称他是“我敬爱的人”。他并不是轻易付出感情的人，却这样评说莎士比亚：“我爱此人，敬重他的声名，如任何人一般尊崇他。”

本·琼生对别人的最高称誉是赞他“诚正”，而“诚正”在文艺复兴时期也有高度赞赏的含义。

他如此评论莎士比亚：“他确是诚正忠实，而且天性通达无拘。”

这样说莎士比亚的人有好些，却不似来自狂烈的本·琼生那般有力。

在伊丽莎白和詹姆士统治时期，本·琼生就一直不断地进出牢房。他与山姆尔·丹尼尔这样温驯的人都会结下冤仇；揍了约翰·马尔斯敦还要夺去人家的手枪；他恐吓杜雷顿，又侮辱殷尼哥·钟斯。

本·琼生喜欢和已婚妇人厮混，因为她们“较有经验”，并且当着自负的詹姆士王的面，说他没有诗歌的耳朵。他也爱酗酒，“其温也热烈，其怒也激烈”，叫人爱得深切也叫人恨得入骨。

莎士比亚则几乎与他完全相反。根据所有的证据显示，莎士比亚从未进过监狱，也不曾与人有过仇恨，从不记恨别人，对钱财小心翼翼，20 年的时间里一直与同一群人一道生活。

可是，当本·琼生在他的剧本中苦心经营古典理想时，莎士比亚在他的写作中却风狂雨暴，屡趋极端，使得本·琼生说其中的一些“荒谬”而“难逃人们的窃笑”。

也许本·琼生会同意真实的生活，偶尔也非常荒谬，只是他不愿再在舞台上容忍这样的真实生活罢了。

渡过剧团的困难期

宫内大臣剧团的老对手、亨斯洛的海军大臣剧团在他的玫瑰剧场演出。在剧本上他们没法同宫内大臣剧团竞争，但亨斯洛却为他的剧团提供了一个更好的剧场以吸引观众。

亨斯洛为玫瑰剧场的绘画和其他修饰花了一大笔钱。但不久，剧场方面他也有了一个竞争对手。

弗兰西斯·伦格里就是亨斯洛的对手，在1595年，他在玫瑰剧场以西约300米的巴黎园修建了一座伦敦最漂亮最大的剧院“天鹅”剧院。而且他声称，这是为莎士比亚和他的宫内大臣剧团修建的。

莎士比亚也很喜欢天鹅剧院，剧场中间是舞台，有两根柱子支撑幕布。后台是演员区或称化妆室，两侧有门通向舞台。舞台周围有一层层楼座，是观众席。

舞台的最上面还有一个小屋，在那里制造出雷电及天上和地下的种种声响。幕布后面还有一处不露面的楼座，应该是乐师席。有的时候，时髦人物还可以租个凳子坐到舞台上来。

莎士比亚在斯特拉福时，宫内大臣剧团正在巡回演出，天鹅剧场也没有完全建好，剧团打算回到伦敦后再商量租剧场的事宜，然而，有些意外出现了。

莎士比亚打算在家里多待一阵。一天早上，他收到一封剧团的来信，信中让他尽快回到剧团，有事务需要解决。

莎士比亚只好告别了家人，回到伦敦。剧团现在面临一些麻烦，他们的庇护人宫内大臣逝世了，虽然他的儿子同意做他们的庇护人，但他并未成为新的宫内大臣。新的宫内大臣是柯勃汉勋爵。

柯勃汉勋爵对演员没有好感，市政当局便充分利用这个宝贵的机会。他们没有能力阻止修建天鹅剧场，因为在他们看来这只不过是另一个“窃贼、偷马贼、骗子、捉兔子的、犯叛国罪的等”的聚会之所。

现在他们终于说服了柯勃汉勋爵和枢密院把伦敦内城的旅店、剧场关闭掉。这是一个严重的打击，因为在冬季，伦敦市民嫌宫内大臣剧团的剧场离城太远，道路又太泥泞。于是宫内大臣剧团接受伦格里的邀请，冬季包下了天鹅剧场。

莎士比亚同伦格里也开始了交往，伦格里是一位热心艺术、富有正义感的业主，两人成为知心好友。

一天伦格里匆匆来见莎士比亚，莎士比亚见他面色苍白，冷汗直流，关切地问道：“我的朋友，发生了什么事？”

“威廉，我刚刚摆脱了一次追杀。上帝啊，为什么总是助长恶人的气焰，不怜悯一下您忠诚的子民？”

“弗兰西斯，是谁要这样做？”

“是威廉·加廷纳。他让他卑鄙的继子威胁我，他们用剑横向我的脖子，顶着我的胸膛，我怕死，只好向他们寻求保护。”

“朋友，你暂时屈服是明智之举。在这样一个混乱的社会，狂妄自大的时髦青年动不动就把剑拔出鞘来。而警官们又不轻易履行职责。不过，你曾公开说过威廉·加廷纳这个基层法官是虚伪的，是做伪证的无赖。你认为他可以这么轻易地放过你吗？”

“威廉，我当然明白，这只是给我一个下马威，他是基层法官，他一定会千方百计地把天鹅剧场封闭，让我破产，他这么做简直太嚣张了。他是个彻头彻尾的无赖，我不是污蔑他，我有充分的理由。”

“弗兰西斯，你先别激动，我想我认识几位司法界的朋友和宫内的几位贵族，我会尽力帮助你的。”

“谢谢你，威廉，你是我真正的朋友。”

莎士比亚开始出面帮助伦格里，加廷纳只得暂时收敛气焰，但他并不甘心，明的不行，就来暗的。

莎士比亚和伦格里受到法庭传训，因为加廷纳反过来控告莎士比亚、伦格里和另两位不知名的妇女危害治安。

莎士比亚、伦格里相视苦笑。由于这件案子牵涉到莎士比亚这个大名人和两个妇女，伦敦市民纷纷议论起来。这对莎士比亚造成了很不好的影响。

莎士比亚在他的剧本中以夏禄法官来讽刺加廷纳，莎士比亚对他还算客气，讽刺得并不厉害。夏禄大惊小怪，瞎忙一阵，这种讽刺实在便宜了那个无赖的基层法官。

不过，莎士比亚忍不住要捉弄一下那个不提倡戏剧的宫内大臣柯勃汉勋爵。他在下一部戏《亨利四世》里，用勋爵的祖先约翰·欧尔卡苏爵士来命名那个胆小而又肥胖的骑士。

柯勃汉提出抗议，莎士比亚把名字换成了另一个逃跑起来很快的历史人物福斯塔夫，使得他的众多仇敌非常高兴。这个名字给人印象深刻，从此柯勃汉被戏称为福斯塔夫，莎士比亚报了仇。

1597 年春，宫内大臣柯勃汉勋爵去世，演员们没有流一滴泪。莎士比亚和他的同伴们喜出望外的是他们迎来了新的庇护人，又一次成为宫内大臣剧团。

等莎士比亚回到伦敦后，发现在他离开的这段时间里发生了许多纷扰不安的事，剧团已经没有剧场可供表演。

莎士比亚曾帮助伦格里对付过基层法官加廷纳，加廷纳是一个无耻小人，一直都找机会打击伦格里的天鹅剧场和宫内大臣剧团。

机会终于来了，在 7 月里，伦格里同意一个剧团在天鹅剧场上演一出讽刺喜剧《笨人岛》，这是一出讽刺社会和现实的戏剧，自然引起政府当局的指责。

加廷纳作为基层法官，在枢密院调查此事时，添油加醋，污蔑伦格里一向对政府不满，在他的剧场经常演出诋毁政府的戏剧。他还说这对伦敦人影响很大，长此下去，一定会引起骚乱。

于是，枢密院以《笨人岛》包含非常煽动性、诽谤性内容为名，查封了整个天鹅剧场，囚禁了部分演员和作者，并开始全面查禁伦敦各大剧场和剧团。

伦格里总算逃过一劫，没有牢狱之灾。但10月份全面开禁时，伦格里就没法重新得到天鹅剧场的执照了，无奈之下，他只得将剧场改为杂技场。

宫内大臣剧团想重新回到原来的剧院演出，但剧院的业主不同意出租。

加廷纳为了报一箭之仇，也不准伦敦城内的旅店出租给剧团。这样，剧院、天鹅剧场和伦敦城内的旅店都不准宫内大臣剧团演出，而玫瑰剧场当然还是由海军大臣剧团演戏。

剩下的还有一个帷幕剧场，冬季交通不便。但目前宫内大臣剧团只能满足于这样一个旧式的二流剧场。

为了帮助渡过这一困难时期，剧团打算将莎士比亚的4个剧本出售给出版商。大家同莎士比亚商量，莎士比亚没有片刻犹豫，马上同意了，剧团是他们共同的事业。

大家讨论了一下，决定出售《查理二世》、《查理三世》、《亨利四世》和《爱的徒劳》。这是他们第一次出售剧本，莎士比亚本人也从没同出版商打过交道，他们同意对剧本刊印后的成品无权过问，其质量随排印工而异。

剧本成品出来后，出版商给莎士比亚送来清样，莎士比亚一翻，哭笑不得。《爱的徒劳》印得极差，错误比比皆是。《查理二世》还不错，虽然有69处错误，还不失为一个比较好的本子。不过第二版就不怎么样，改正了14处错，却新增了123处错误。

莎士比亚明白，剧本并不算正经的文学，当时最优秀的印工都不肯印剧本。卖剧本也只是换点钱，缓解一下眼前的困境，所以他并不在乎，他只关注正在写的东西，对已经写好的不愿过分用心思。

但是，并不是所有人都像印工那样看不起剧本。1598 年 9 月，一位叫弗兰西斯·米尔斯的教师出版了《智慧的宝藏》一书，其中有一节异想天开地想把古典作家与当代英国诗人作一类比。

《智慧的宝藏》一书作为批评并无价值，但作为有关莎士比亚的资料却是无价之宝。因为作者告诉我们，莎士比亚被认为是当时最优秀的剧作家，喜剧悲剧都行，他的十四行诗当时正在广为流传，并记下了莎士比亚已经写成的 12 种剧本。

米尔斯对莎士比亚诗歌语言的长处给出了高度的评价："要是文艺女神缪斯们会讲英语，那她们会用莎士比亚那优美的文句讲述。"

米尔斯的著作证明了莎士比亚在读书人的圈子里已经获得了承认。米尔斯谈的，与其说是他个人的观点，倒不如说是诗歌、戏剧界有关人士一致肯定的看法。

莎士比亚的剧本刊印不久，他的名字也成了成功的可靠保证。出版商们甚至在那些并非出自他手笔的剧本上也署上了他的名字。他们懂得，莎士比亚的名字就是推销书籍的好招牌。

创建环球剧院

宫内大臣剧团的主要股东是老演员詹姆士·伯比奇。多年来，剧团东奔西跑，一直没有一个安身的场所。他们为此租赁了一块土地，租期为20年。

在1596年租赁期满的时候，土地所有者拒绝延长租约。因而，伯比奇决定修建另外一个剧场。他买下了黑僧修道院的空房，那里原是儿童剧团的演出场地。

伯比奇开始对其进行整修，就这样，他成为了英国第一位把有屋顶与室内照明设备的厅堂改建成公共戏院的人，也成了戏院建筑方面的先锋。

可惜的是伯比奇的戏院处在较高的山坡上，那里是特别而排外的住宅区。周围的居民制造了重重障碍，因为他们认为，如果与剧院为邻，这个地方将会充满形形色色的不法之徒。

就在剧院整修快完工的时候，当地居民向枢密院提出了诉讼。于是枢密院下令伯比奇停止剧院的整修，就这样，伯比奇未能实现自己的设想。

由于剧院的问题，剧团的工作也不得不中断。没过两个月，伯比奇这位老演员就与世长辞了，他的大儿子卡贝特·伯比奇继承了他的产业。

由于不能建新剧场了，卡贝特就设法劝说原来剧院的土地所有者同意延长租期，结果也是劳而无功。土地所有者就是一心想把演员赶走，不仅如此，等合同时间一到期，他们就会把整个剧院建筑拆除。

卡贝特不肯轻易放弃。原先的租约中有一条表明，詹姆士·伯比奇有权“在20年期满前，任何时间，为了自己适合的用处而拥有、拆卸或运走”戏院。因此，该剧院的建筑仍然是属于卡贝特家的。

在1599年的夏天，卡贝特在泰晤士河南岸斗熊场和斗鸡场的旁边，买下了一块土地，准备在这里重建一座新剧院。

拆除旧建筑和修建新剧院需要大量资金，包括付给工人、工程承包人的工资和新租土地的租金。总之，由于开支太大，卡贝特单凭自己的财力已经无力负担。

莎士比亚和宫内大臣剧团的全体人员都非常关心这件事，因为剧团今后能否在伦敦立足直接取决于新剧院的命运。

于是卡贝特向剧团的5位演员请求经济支援，其中当然包括莎士比亚。这可是一个创举，因为向来还没有人请一群演员共同出资建造剧院。

经过商议的结果是：卡贝特组建了一个由他们6个人组成的合股公司，认购股份，共襄盛举。卡贝特掌握新剧院的一半利益，另5位演员则掌握另一半的利益，莎士比亚也就掌有全部1/10的股份。

因此，莎士比亚不仅是剧团的股东，而且也是剧团在其中演出的剧场的股东，还是新剧院土地的承租人。

莎士比亚等人要承担剧院主人的各项花费，从土地的承租、剧院的养护乃至每年要支付的剧院执照费，无所不包，交换条件则是免费在该剧院演出。在伦敦剧院史上，这也是一种崭新的安排。

拆下的木头等建材，运往泰晤士河南岸。当时英国木材稀少而且价格昂贵，由剧院拆下的都是厚重、有价值的木材，这样就给股份公司的成员们省下了不少钱。

不过新剧院的建设仍需构建新地基和家具，付木匠和泥水师傅等的工资，总共约有400英镑，不过这比起新建一座剧院要便宜多了。

新建的剧院在设计上并没有多大改变，仍然在伸出的舞台四周安置着一排排成阶梯式的座位，上面是草做的屋顶，中央则是开向天空。

戏服存放的空间扩大了许多，而且也装置了后台机关。同时，剧院在设计上采用了所有最新的技巧，使得建成的戏院能带给观众最大的舒适度，也能带给演员最多的方便。

在新剧院修建期间，剧团必须继续营业。宫内大臣剧团就在原来的剧院附近租了一座叫“花坛”的剧院来演出。

由新剧院出发，花上10分钟左右的时间就能走到泰晤士河大桥，而桥那边就是伦敦。观众来这里看戏，比到过去的剧院看戏还要近一些。

新剧院建设完毕，必须给它取一个响亮的名字。剧团成员们不愿像亨斯洛或艾伦那样，把自己的剧院取名“玫瑰”；或者像伦格里似的，为自己的剧院取名为“天鹅”，这类陈腐不堪的名字打动不了宫内大臣剧团的心。

因而，剧团成员们决定在剧院招牌上画一个巨人的图案——肩扛地球的赫拉克勒斯的形象，正是“地球”成了剧院的象征，而不是赫拉克勒斯。

剧团成员们的用意是，他们在剧院里表演的，正是那世界上发生的一切趣事。

同时剧团成员们也不是平白无故地在赫拉克勒斯和他肩负的地球图案的旁边加上了一行拉丁铭文：“世界大剧场”。这大概是莎士比亚想出的主意。

新剧场建设得相当快，在1599年夏季来临之前，宫内大臣剧团就已经在自己筹建的新剧院里演出了。

已经修建好的新剧院是伦敦最出色的剧院、最大的剧院，以当时的眼光来看，完全是一座规模宏伟的剧院。

新剧场坐落在泰晤士河的右岸，离亨斯洛的“玫瑰”剧院不远。可以认为这是向海军大臣剧团的直接挑战，不过“环球”剧院显然占了上风。

海军大臣剧团恨不得立即扳回局势，在 1599 年底的时候，他们就又建起了一座名为“财富”的新剧院。

财富剧院几乎全部的工程细节都与环球剧院相同，甚至连舞台大小都和“环球”一样，只有支柱是方形的，上端雕着有半人半马的森林神像，同时他们也采取了一种新的尝试：把剧院建成了方形。

亨斯洛的财富剧院建在城市北郊，虽然也吸引了一些北边居民，但不容置疑，环球剧院才是这个城市最好的剧院。

不参与剧坛之争

在17世纪初期，伦敦的戏剧生活中出现了一些状况：演员和剧作家之间发生了争吵。这是当时剧坛上一段有趣的插曲，历史上被称作“剧坛之争”，也叫“诗人相扑”。

在这场纷争中，莎士比亚不是主角，他一向都很冷静，不喜欢笔墨争斗。而且，他也错过了这场笔墨官司的高潮，因为他的父亲病重了，他要回到斯特拉福去见父亲最后一面。

老约翰十分安详，静静地等待着上帝的召唤，他对儿子说：“威廉，我已经满足了。我这一生，原来只是耕种别人土地的佃农的儿子，可是我不满意自己的出身，谁规定我生是什么样的人，就是什么样的人呢！我要和命运搏一番。”

“你看，我赢过，也输过。我赢得时候，春风得意，娶了我父亲主人的女儿，我有金钱有名誉，我当过市长，这是咱这个城市最尊崇的职位。我输的时候，凄凄惨惨，我的儿子不能上学，我被债主追得不敢出房门。”老约翰眼含泪水地说着。

“我让你，我的儿子，不得不到伦敦当戏子赚钱。我一直都想对你说对不起，我没给你良好的教育，家人一直拖累着你，而这一切都是因为我没有战胜命运。”

“父亲，你是一个勇士，你战胜了命运，因为你一直在战斗，从没被它击垮。你是我最崇敬的人，有的人能够长久地荣光下去，但在背后，却那么肮脏卑鄙。而您一直是诚实的，即使您遭遇挫折，您也没想过去危害别人，您是伟大的、好样的！”

“威廉，我没有什么可求的了，现在我们在城里又重新恢复了名誉和地位。但我总觉得你在伦敦那么辛苦地写作，虽然并不低贱，但同有土地这样固定资产的绅士相比，好像还差了些。你的工作太不稳定了，总是冒风险。有机会购置一些土地吧，土地是财富的根本啊！”

“好的父亲，等您好一些了，我马上同地产商联系。”

“傻小子，我好不了了，我已经够老了，我并不痛苦，我没有受疾病的折磨，只是人生路走到了尽头。我的儿子，我不想跟你说再见，因为我不会远离你，你会感到我在天上看着你，我们说‘你好’吧，这样我们离别了，也会感到这是相逢的开始。”

“你好，父亲！”莎士比亚哽咽着伏在父亲胸膛上，说完了这句话，也将脸深深埋下，不让别人看见他奔涌而出的泪水。

几天后，老人去世了，他的面孔仍带满脸笑容。

莎士比亚记着父亲的嘱托，买了城北面的一块127英亩的农田。到1602年春天，莎士比亚已经成为一位在斯特拉福拥有最讲究的房屋和土地的乡绅了。

在莎士比亚购买田地的时候，那场“剧坛之争”正如火如荼地进行着。一天，莎士比亚的一个剧团的朋友来探望他，两个人开始闲谈伦敦新近发生的奇闻逸事。

“本·琼生他们斗得怎么样了？”莎士比亚微笑着问。

“斗得好热闹呢，可惜你错过好戏了。”

“他们可真有耐性啊！在1599年，马斯顿写的《挨打的演员》说的就是本·琼生，还说他滑稽。本·琼生也反过来讽刺马斯顿浮夸。马斯顿又立即报复，把一个戴绿毛巾的老爹写得像本·琼生。”

“那个老头实在是像啊，我看的时候眼泪都笑出来了。本·琼生那火爆脾气，当然饶不了马斯顿，可他也不该把戴克也拉进来呀，把人家贬一顿，这不是树敌过多吗？”

“本·琼生知道戴克是马斯顿的好朋友，早晚戴克也会帮马斯顿的，再说本·琼生一直瞧不起戴克，他一听说戴克要找他麻烦，不是马上就写了一部《蹩脚诗人》，说戴克是老剧本的织补工和文抄公，马斯顿是蹩脚诗人。”

“同时，这个本·琼生也没忘了自己，说自己是古罗马桂冠诗人贺拉斯。我想马斯顿和戴克绝饶不了本·琼生，可惜我没看到，他们是怎样回击的？”

“本·琼生写的戏说的不是扮戏人德密特里和自封诗人的克里斯宾吗？实际上，说的就是戴克和马斯顿。本·琼生在剧本里让这两个人传讯到凯撒面前，本·琼生自称是德高望重的贺拉斯，他给了克里斯宾一粒药丸，让他把夸张的诗句都吐出来。”

“我知道这部戏呀！”

“你别着急，后来戴克和马斯顿写了一部《鞭挞讽刺家》，还说的是德密特里、克里斯宾和贺拉斯，不过这回贺拉斯可惨了，他被拉去受审，法官是德密特里和克里斯宾。他们不愿使用药丸，怕引出蛮横无理的臭气，而是用蓖麻作为冠罩在他头上，叫他起誓放弃他的好出风头的奇思怪想。”

“好一个蓖麻冠啊，真亏他想得出来，桂冠诗人贺拉斯与蓖麻冠的本·琼生，文人之间的讽刺可真比刀剑厉害得多呀！”

“大家还在猜要是你在会怎么刮他们一顿。喂，你知道吗，学生们演戏时说你把本·琼生刮了一顿呢！”

“是吗，他们说什么？”

“在剑桥上学的学生排了一部《巴那斯山归来》，讽刺戏剧界。里面你的两个好朋友伯比奇和凯普也被编了进去。他们说你把本·琼生刮了一顿，弄得他信誉扫地。大家在传说你在《皆大欢喜》里抨击本·琼生，说他想借助讽刺性的嘲弄医好世界的罪恶。这是不是真的?"

"这群孩子可真聪明啊!"

"哈哈，你承认了，你是抨击过本·琼生。"

"你可别妄下评论，我可没承认，要是你冤枉我，把我引进这场糊涂的文字大战，我可饶不了你。"

莎士比亚说完，两个人哈哈大笑起来。

虽然莎士比亚没有参加这场笔战，可本·琼生也没忘记刺他一下，说莎士比亚的《裘力斯·凯撒》是拙劣的货色。

面对毁誉时，莎士比亚总是能泰然处之，因为他一直相信：世人自有公论，历史会做出正确的评价。

受到剑桥的嘲讽

剑桥大学里的教授和学生们，大都瞧不起莎士比亚和本·琼生这些民众剧院的作家。他们认为：知识是“流氓”难以祈求的，自己才是打开知识之门的合法人选。

从1598年开始，剑桥圣约翰学院的学生们就开始自编自演讽喻剧。在第二部《巴那斯山归来》里，学生们对作家开始评头论足，而且肆无忌惮。

本·琼生被称为“最勇敢的杂种，英国所有泥水匠中说话最俏皮的家伙”(暗示他一度帮助他那作泥水匠的继父干活)。马斯顿是“提起一条腿，糊弄全世界”。

对于莎士比亚，他们的语气较为温和。他们嘲笑的与其说是莎士比亚本人，不如说是读他那爱情作品《维纳斯与阿都尼》和《罗密欧与朱丽叶》入迷的年轻人。

《巴那斯山归来》中的一个情节，被花花公子古里奥拿来说明怎样表白爱情。

古里奥：对不起，美丽的夫人，被理智弄糊涂的古里奥找您来了，并且像一个勇敢的追求者开始追求您。

因杰尼奥卓（旁白）：我们马上会听到纯粹莎士比亚风格的东西，以及他从剧院偷来的诗歌片段。

古里奥：原谅我，亲爱的，因为我是一个绅士。月神和你光彩照人的美色相比，简直就是肮脏的婆娘，安东尼所热爱的克列奥帕特只不过是一个黝黑的挤奶妇人，而海伦也是个丑八怪。

因杰尼奥卓（旁白）：瞧！《罗密欧与朱丽叶》是个多么美妙的剽窃啊！大概他还要把塞缪尔·丹尼埃尔的书整个拿来献宝呢！

古里奥：你比我美出几倍呢！

地上百卉以你为魁，

芬芳清逸绝无对。

仙子比你失颜色，

壮男比你空雄伟。

你洁白胜过白鸽子，

娇红胜过玫瑰。

造化生你，自斗智慧，

使你一身，俊秀荟萃。

你若一旦休，

便天地同尽，

万物共毁。

因杰尼奥卓（旁白）：我的甜美的莎士比亚先生啊！

再下来，剧本中还有这样的一段对白：

因杰尼奥卓：我的笔愿为你的命令效劳，你要写哪一类东西？

古里奥：我要的不是一类东西。您要用两三种迥然不同的风格写作，或者像乔叟，或者像斯宾塞，或者像莎士比亚！啊，我会很喜欢这样一首诗：

太阳刚刚东升，圆圆的脸又大又红，

泣露的清晓也刚刚别去，犹留遗踪。

啊，多么甜美的诗歌啊，多么甜美的莎士比亚先生！我把他的画像挂在卧房内墙上。

当因杰尼奥卓朗读莎士比亚风格的诗篇时，古里奥高声喊道：

好！我是一个根据脚爪认识公牛的人！赞美您，爵士，作品里包含着真正的火花！

让愚人世界去赞美乔叟和斯宾塞好了，我将向甜美的莎士比亚先生顶礼膜拜。

为了证明我在阅读他的作品，我将把他的《维纳斯与阿都尼》塞在枕头下，我这是向我过去读到过的那个人学来的。

虽然我已经记不起他的确切的名字，但是可以肯定的是他是一位国王，他曾把荷马的作品放到床下以后，就安详地进入了黑甜乡。

在大学里，爱说俏皮话的学子们嘲弄着剧作家，但他们没有想到，随着时光的流逝，他们那些所有学究式的睿智将会荡然无存。但是，被这些学子们嘲笑的莎士比亚和本·琼生，将会随着他们的作品继续流传。

被卷进宫廷叛乱

埃塞克斯这颗宫廷明星在1596年达到了顶点，此后就开始逐渐陨落。

事情的起因是伊丽莎白对从喀迪兹弄到的战利品的数额不满。据统计，整个战利品的价值不超过13000英镑，然而国库为远征喀迪兹的支出却达50000英镑。

伊丽莎白不想用这种昂贵的代价去满足陆海军将领的功名心，因而她以日益冷淡的态度对待她手下穷兵黩武的将军提出的好战计划。

然而，埃塞克斯依然急于投身战场。他的下一个远征活动既没有带给他财富，也没有带给他声誉，这次远征还使英国遭到了严重的威胁。

腓力普二世乘埃塞克斯率领舰队的大部分舰船正在亚速尔群岛海域进行海盗掠夺之机，派遣一支新的“无敌舰队”袭击英国海岸。

“无敌舰队”被秋天的暴风雨打散，包围英国的计划才没有得逞，这次英国只是靠奇迹才得以安然无恙。

埃塞克斯返回英国时，伊丽莎白对他极为冷淡。可令埃塞克斯自慰的是他在民众中的威望日增，而这更是伊丽莎白害怕的。

埃塞克斯的对手们利用了女王的不满，埃塞克斯发现他们都被加官封爵，他却一无所获。他在他的庄园里闭门不出，过了一段时间，他终于等到了好消息，女王平息了怒气，宽恕了他，给了他大元帅的称号。

爱尔兰早已爆发了提龙领导的反英的起义，大批百姓逃避战乱，著名诗人斯宾塞的家遭到了叛乱分子的洗劫和焚毁。斯宾塞从爱尔兰逃难来到伦敦，一个月后，由于贫病交加去世。英国人民呼吁政府平定叛乱。

埃塞克斯正在寻找立功的机会，他说服女王派他去扑灭叛乱。在1599年3月，他率领大军出发。埃塞克斯宣誓要彻底消灭提龙。他挥戈直捣爱尔兰，他的朋友扫桑普顿伯爵作为骑兵司令陪同前往。

举国上下都坚信埃塞克斯会凯旋归来，正当埃塞克斯渡过爱尔兰海在绿岛发动军事行动之际，伦敦的剧院上演了莎士比亚的新剧本《亨利五世》，歌颂英国武力在海外，在法国的胜利。

在第五幕之前，有一个扮作"序曲"角色的演员上场讲话，描述英国人怎样迎接由法国胜利归国的亨利五世。

伦敦人毫不怀疑他们的宠儿埃塞克斯伯爵会凯旋，莎士比亚通过演员的台词表达了这种信念。演员谈到了亨利五世怎样远征归来，让我们听听他的讲话：

看哪，这儿就是英格兰的海滩——跟海洋划分界限，沙滩上密密层层排列着男女老少，他们的欢呼和掌声压倒了海洋的吼声。

适时国王上岸，抬"他那打瘪了的头盔和打弯了的刀子"是一种荣誉，勋爵们争夺着这一荣誉。

"他不答应，他没有虚荣，没有那目空一切的骄傲，他放弃了那耀武扬威的凯旋，把光荣归给了上帝。"

接着，演员谈到怎样迎接国王：被僚属簇拥的市长走在游行队伍中，他们后面跟着大批的百姓。这时演员面向戏剧观众继续和他们交谈，提醒他们，他们的宠儿埃塞克斯目前正在爱尔兰战斗，他谈到祝捷庆典将会再次举行。

我们圣明的女王的将军去把爱尔兰征讨，看来不消多少周折，就能用剑挑着被制服的‘叛乱’回到京城，那时将会有多少人离开那安宁的城市来欢迎他！

即使是在十分热烈地预祝埃塞克斯的胜利，莎士比亚也懂得分寸。他没有忘记埃塞克斯说到底只是位将军，而不是国王。所以，在演员的台词中两次提到对他的欢迎并不是接驾的仪式。

莎士比亚没有头脑发热，他懂得赞美女王亲信所应有的准确分寸。因为女王是一位唯恐别人获得声誉和荣耀的人。

但是，伦敦人没有如愿，莎士比亚也成了一名不灵验的预言家，事件的结局果然不出埃塞克斯对手的预料，他们在派他去爱尔兰时就巴望他能在那里断送掉性命。

埃塞克斯的军队日益减少，叛乱者避免公开的战斗，宁愿采用游击战。于是，他试图通过外交途径安抚叛乱者，开始设法和他们的领袖秘密谈判。

然而，毫无结果。伊丽莎白送去一封措辞严厉的信函，催促埃塞克斯果断行动，但是他却没有采取果断行动的实际力量，他自己也精疲力竭。

埃塞克斯想从残军中挑选一批身强力壮和可信赖的士兵一起返回英国，把女王从她那些“可恶的谋士”那里“解救”出来，扫桑普顿和其他将领劝阻了他。

但是，埃塞克斯已经决意回国，他保留了为数不多的卫队，要是女王真要逮捕他，那些卫兵可以帮助他避免被捕。

想回国就先要结束战事，在一次小规模的战斗之后，埃塞克斯和提龙见了面，订立了休战协定。

在1599年秋，埃塞克斯回到伦敦。得知女王正在城外王宫，他飞速赶往那里，冲进女王正在穿衣打扮的内室，看到了女王没有化妆的老态。女王并没有和他搭腔，她把埃塞克斯召到枢密院议会上汇报情况。

议会不肯饶恕埃塞克斯，他被提醒说，为出征付出的30万英镑都白白浪费了。但是要收拾埃塞克斯还不可能，因为他颇得民心，所以只能把他软禁起来。

征讨爱尔兰叛乱失败，莎士比亚的《亨利五世》预示的胜利场景成为泡影，但一切还没有结束。

埃塞克斯在软禁中仍和党羽有联系，要他们用武力解救他。他甚至给苏格兰国王詹姆士送去一份建议书，如果詹姆士搭救他，他答应支持詹姆士对英国王位的要求。

埃塞克斯采取的所有活动都毫无结果，但是他没有气馁，他寄希望于许多青年贵族的支持上，也相信伦敦居民对他的爱戴。

靠着埃塞克斯的朋友扫桑普顿伯爵的帮助，他和大多数支持者接上了头。一场军事阴谋正在酝酿，阴谋分子得知埃塞克斯伯爵将受枢密院的传讯后，决定起事。他们人数不多，所以他们决定鼓动民众暴动，依靠市民支持实现政变。

在1601年2月7日早晨，有几个人来了环球剧院，请求演员演出《查理二世》，即4年前书报检察官删去废黜国王场面的那个剧本。

剧团不想惹麻烦，早已把这部剧本从演出剧目中去掉了。所以，当这些人恰恰选定这一剧本时，演员们就以它过于陈旧，已经久已不演为借口进行推托。

但是订戏的人很坚决，他们说会有足够的观众的，更主要的是他们愿预付40先令——这一笔钱，超过了剧场客满时所售票价的总额。演员们商量了一阵，同意演出这剧本。毫无疑问，剧院的任何人都不知道大方的订戏人为什么一定要订这个戏。

订戏的人是埃塞克斯的党羽，他们打算以这出描写反对国王的暴动和废黜国王的戏挑起伦敦市民叛乱的情绪，但是他们打错了算盘。

在2月8日，埃塞克斯家的院子里集中了300名武装贵族。他们在埃塞克斯的率领下，冲向伦敦旧城区，挥刀舞剑，号召民众追随他们行动。

宫廷已得悉叛乱开始，许多承宣官被派往全城各处宣读谕旨，宣布埃塞克斯是背叛女王的叛徒。

商人们开始关闭商店，市民们躲在家里。埃塞克斯没有从他们那里取得任何支持。党羽们悄悄地四散逃窜，埃塞克斯和寥寥几个党羽回到他家中，住宅很快被忠于女王的军队包围。埃塞克斯焚烧有损他名誉的信件后投降。

侦察进行得十分迅速，10天之后就开庭审判。埃塞克斯和扫桑普顿被判处死刑，以后，扫桑普顿被改判为无期徒刑。

伊丽莎白像她往日那样，对处死埃塞克斯犹豫不决，但是最后还是下了决心。

2月25日，在伦敦塔的院子里，埃塞克斯被斩首，成千上万的人来观看这位风云人物的最后结局。

宫内大臣剧团也被卷入了埃塞克斯的叛乱行动，因为演出《查理二世》也是阴谋的一部分，它提醒市民：君主也是可以废黜的。

侦察临近尾声，就在开庭审判倒霉的伯爵的前夕，侦察官传讯剧团代表，要求说明事实真相。

剧团的一名主要股东演员——奥格斯丁·腓力普被派去进行这一危险的谈话。因为是他和叛乱分子洽谈的，所以他理应去说明事实。

调查结果有惊无险，剧团被证明无罪，《查理二世》的这次演出没有给演员们带来恶果。但是，剧团同埃塞克斯的命运发生的纠葛，并没有就此结束。

伊丽莎白女王，这位在漫长统治期内政权常常岌岌可危的女王，没有放弃这点小小的祝捷活动。她将宫内大臣剧团召进王宫，在埃塞克斯死前夕看了他们的演出。

收获硕果

若是一个人的思想不能比飞鸟上升得更高，那它就是一种卑微不足道的思想。

——莎士比亚

献上经典之作

在伊丽莎白时代，英国取得了许多伟大的成就：皇家交易所、“金鹿号”环球航行、弗吉尼亚殖民地、股份公司、大败西班牙，还有戏剧的繁荣与发展。

在所有优秀的戏剧作品中，莎士比亚的经典之作《哈姆莱特》更显得光辉灿烂、出类拔萃。

1601年晚秋，《哈姆莱特》在环球剧场首演，演员阵容强大。莎士比亚戏瘾难耐，在剧中扮演了哈姆莱特父亲的鬼魂。

1603年，有人擅自出版了《哈姆莱特》的剧本，内容很差，在标题页上还写明这出戏已多次在“伦敦城及剑桥和牛津两大学演出过”。在剑桥和牛津大学里演出，恐怕不可信，在伦敦城演出倒是可能的。

《哈姆莱特》的故事最早出现在《丹麦史》里，后来法国作家贝尔福莱把它改编成了一个故事。到16世纪80年代“大学才子派”的基德又根据那个故事编了个剧本。

基德的剧本只注重复仇，对恐怖气氛大加渲染，艺术水平不高。那满台乱走哭泣着说“哈姆莱特，复仇呀！”的鬼魂，正是16世纪80年代后期舞台上一窝蜂的噱头。

除非有某种原因耽误了复仇，不然全剧在第一幕里就可以完结了。只是复仇的主角哈姆莱特，就同晚年的伊丽莎白一般阴郁而犹豫不决，一直举棋不定无法采取行动，最后毁了剧中所有的人物。

莎士比亚参考了《丹麦史》中的记载和后来的故事与剧本，进行了重新改编。

16世纪90年代末期，许多青年在“世纪末”的风潮里，对大学和司法学院持悲观的看法，高谈阔论生命的空无、英雄式行动的徒劳与性爱的堕落。莎士比亚所写的《哈姆莱特》的部分造型就来自这里。

有一位医生这样描述过忧郁症患者的病情：他不容易行动，会做令人惊悸害怕的梦，思考精密而多疑，有时愤怒、有时快乐，而且感情激烈。这样的人常常懂得太多，不信任朋友。

莎士比亚综合以上的信息，构思出了哈姆莱特的形象。他明白哈姆莱特那种介于灵与肉的困境之中的处境，那正是每个人自己悲剧的核心所在。

莎士比亚在剧中突出了强烈的反封建精神，提出了“人文主义的理想与黑暗现实的巨大矛盾”这一时代性的问题。

同时，莎士比亚把哈姆莱特的形象塑造得真实而让人心凉：他虽有礼貌却又粗莽，他聪敏却自憎自怨，他矛盾不定却又教人惊惧。自他而后，代代人都能从哈姆莱特身上认识到自己的形象。

《哈姆莱特》是出人人叫好的戏，就以它最低的水准来看吧，它也是一出营造高妙的通俗剧，其中鲜血横流、壮观的景象，斗剑的场面层出不穷，即使最容易打瞌睡的10岁小孩也会开怀大笑。

《哈姆莱特》最高的层面，是它能到达人们内心深处的秘密国度，让智者看到一片新的景象在他面前展开。

自莎士比亚以后，关于哈姆莱特这一题材的戏剧再也没有人改编过，他的《哈姆莱特》堪称绝唱。

有人认为，任何理想的写作都应该像席德尼的《阿卡第亚》或是像“适度的莎士比亚悲剧，像哈姆莱特王子”。

也有人说：“年轻一辈从莎士比亚的《维纳斯与阿都尼》里获得了莫大的愉悦，但他的《鲁克丽丝受辱记》和《哈姆莱特》却讨好了智者。”

《哈姆莱特》完成于埃塞克斯叛乱之后，显然是受后者的悲剧性事件的启发和影响。

在《哈姆莱特》中也可以看到埃塞克斯阴魂不散的身影。在波洛涅被杀之后，哈姆莱特变成了埃塞克斯。国王说出这样的一段话：

> 让这家伙任意胡闹，是一件多么阴险的事情！可是，我们又不能把严刑峻法加在他身上，他是为糊涂的观众所喜爱的，他们喜爱一个人，只凭眼睛，不凭理智；我要是处罚了他，他们只看见我的刑罚的苛酷，却不想到他犯的是什么重罪。

当然女王也可以说出上面国王说出的那番话，因为在埃塞克斯叛乱之前，伊丽莎白女王就是对他一忍再忍，就是因为埃塞克斯是“为糊涂的群众所喜爱”的。

可以看出，莎士比亚的《哈姆莱特》表面上写的是中世纪的丹麦，但剧中所反映的一切，都涉及了当时的英国现实。

也可以说，哈姆莱特的形象有点像莎士比亚，他也是个人文主义者。他曾说过这样一句台词：“这是一个颠倒混乱的时代，唉，倒霉的我却要负起重整乾坤的责任!”

“重整乾坤”就是改造世界的意思，即按照他的人文主义者的理想改造世界，可他这个任务最后没有完成。

《哈姆莱特》是莎士比亚最长的一部剧著，而且所含的新字也最多，如何做适当地删减以适合于一般的舞台表演，在当时一定是个令人头痛的问题。

不论《哈姆莱特》的演员如何删减，恐怕他们都不肯把哈姆莱特对“孩童的空想”所做的议论省略，因为这些让观众们“狂暴地鼓掌”的孩子们，曾经与成人剧团间存在着白热化的竞争，观众们早就看在眼里。当舞台上做出这样的表演时，观众们肯定会乐不可支的。

童子剧团当时能发展起来，还是伯比奇家在无意间促成的。它原是皇家教堂儿童合唱团，有时在歌唱教师的指导下演些宫廷剧。

在1600年，有位名叫亨利·伊凡斯的人重组新团。剧团保留了原名，但不再有皇室的支持，而完全成为以营利为目的的商业团体。

皇家教堂儿童剧团的赞助人是牛津伯爵，由于演员清一色是童子，所演的戏也多半吸引较高阶层的观众。因此，布莱克·弗莱尔的居民大都产生了厌烦之感，就把这个剧团原先演出的地方改成了私人住宅。

当时伯比奇家的戏院仍然空着，伊凡斯便在1600年与理查·伯比奇签约，以一年40镑的价钱租下了他的戏院。

皇家教堂儿童剧团只售座票，不卖站票，没有像“环球”或“财富”这种大戏院里那种因陋就简的圆形剧场的气氛，因而吸引了较多文化水准较高也较富裕的人们。

童子剧团把表演的重点放在音乐上，他们使用风琴、琵琶、潘多拉、曼陀林、小提琴和横笛来演奏。曾有一位四处游历的公爵说：“除了米兰的修女外，他再没听过比这更好的歌唱了。”

伊凡斯重整皇家教堂儿童剧团，他鼓励作家们采用嘲讽和煽动感情的手法，与此同时，该剧团一方面卖座鼎盛、座无虚席，另一方面也常与“剧检处”纠扯不清。

莎士比亚在《哈姆莱特》中借哈姆莱特的口，特明智地建议说，童子演员不该怂恿他们的剧作家攻击成人演员，因为他们总有一天会变成成人演员的。

果不其然，在10年之内便有好些童子演员加入了“环球”戏院的宫内大臣剧团。

17世纪初，几乎每个重要的剧作家都曾为童子剧团写过剧本，并且都很尽心尽力。

唯一的两个例外是海伍德和莎士比亚。

莎士比亚是成人剧团里的股东，他或许是为了忠于自己剧团的关系。他对伦敦的普通戏迷未存一点轻蔑之心，他也不想只为一小部分具有特殊身份的人群来编写剧本。

莎士比亚习惯让一大群观众兴奋、毛躁。他认为，人们用辛苦赚来的钱看戏，如果让他们觉着枯索乏味，那就有些对不起他们了。

莎士比亚的观众不会厌烦他，而莎士比亚似乎也不会厌烦他的观众。

用戏剧送别女王

埃塞克斯伯爵被处死后的半年，在1601年6月4日，伊丽莎白女王巡视了位于格林威治的档案馆。

迎接女王的是法学家威廉·龙巴德，他把奉旨整理的浩繁的古代律令和国王诏书手卷指给女王观看。

伊丽莎白随手翻弄着手稿，偶尔颇有兴趣地拿起某件文献资料，龙巴德则在一旁恭恭敬敬地给她解释。

女王走到理查二世朝的案卷处，她说："告诉您，我就是理查二世。"

龙巴德不敢苟同地说："只有那位曾得到陛下最大恩赐的忘恩负义的贵人埃塞克斯，在他那阴暗凶险的想象里才仿佛如此。"

女王答道："忘了上帝的人也将忘掉自己的恩人。《查理二世》这个悲剧在街头、室内演了40场。"

伊丽莎白不能宽恕埃塞克斯的背弃和叛乱，她记起了阴谋分子为了向伦敦市民策反在剧院中上演的《查理二世》。不过，她夸大了数字，莎士比亚的任何一部戏都没在他的一生里演过40场。

但伊丽莎白并不对演员怀恨在心，她爱戏剧。从1590年到1603年，她的宫中演出了几十场戏。在她最后的两次观看戏剧时，看的都是宫内大臣剧团的戏。

1603年2月2日宫内大臣剧团为女王演了一出戏，女王的健康越来越不济，这次上演的是《哈姆莱特》，这再恰当不过，因为这是莎士比亚最后一次见到女王。

在演出后一个半月，女王病了的消息在伦敦流传，伊丽莎白已经在王位宝座上安坐了44个春秋，许多她身旁的风云人物都先她而去。

女王的血腥统治仿佛永无尽期，但是，突然，人们开始辗转传播她病重的消息，传播这一消息时人人都表情悲痛，因为密探正在到处刺探情况。

女王快70岁了，病情越来越重。枢密会议开始商量她的身后事，她没有直系王储，大臣们最担心的是她死后为争夺王位将会发生内战，政府进入戒备状态。

枢密会议最后决定：女王一旦去世，就推举苏格兰国王詹姆士登位。为了在人民面前造成这一决定经女王本人同意的假象，大臣们放出了这样的烟幕：海军大臣、掌玺大臣和国务大臣在女王病得甚至不能说话的时刻，恰好在她宫里。

国务大臣走近上罩华盖的大床，问女王她钦命何人当她的继承人，看她默不做声，国务大臣就说："陛下，我恳求您，如果您依然维持原来的意见，希望苏格兰国王继承您的王位，请您给我们做个表示。"

那时那地，女王出人意外地在床上坐起，从被子里伸出双手，高高举起，留成王冠的样子放在头上。

在1603年3月24日凌晨2时，伊丽莎白女王驾崩。

大臣们关于钦定新继承人的故事立即在伦敦传开了，接着又传到其他国家，这个故事就像优美历史剧的一个出色的片断。

大家毕竟生活在戏剧繁荣的时代，海军大臣剧团和宫内大臣剧团在王宫里和他们府里演出的戏剧，大臣们没有白看。

剧团获得殊荣

女王死了，宣布詹姆士担任国王的公告受到普遍欢迎，人人感到轻松，老百姓很开心，不会打仗了，因为红、白玫瑰战争不会重演了，争夺王位的内讧也不会再出现了。

大家被那个戴着棕黄色假发的老妇人的专制统治弄得疲惫不堪，希望在新国王统治下能过得轻快一点。

所有的公职人员也很安心，新国王宣告，人人都保持原有职务，并希望他们应当继续恪尽职守，除非国王陛下认为有必要做出新的安排。

新国王没有安邦治国的雄才大略，他对苏格兰来说是一个坏国王。不过他是一个微不足道的人物，他会记住是谁给了他第二顶王冠，他是不会损害他们的利益的。

国王还没有从苏格兰赶来，大街小巷就开始流传着关于新国王的传闻。

“听说国王身体很虚弱啊，双腿软弱无力，很难站起来。”

“瞎说，我听我苏格兰的亲戚说，国王的身体健康着呢，特别喜欢骑马、打猎。”

“腿不好也可以骑马嘛！正好可以少走些路。”

“你少说两句，别让密探听到。”

“没事，不像女王那会儿了，新国王允许言论自由，通告上说的。”

“新国王在新的时候当然好一点，谁知道以后呢，还是小心点吧！”

“不过咱们女王是女的，我们就得跟着喜欢女人喜欢的东西，现在国王是男的，应该喜欢男性社会，痛饮、奢华和戏剧。”

“这些也叫吃喝玩乐啊，老兄，这用的还不是咱们老百姓的钱。”

“是啊，少收税、别打仗，咱们不求别的，只求安生过日子。”

新国王的政策确实让民众放心，詹姆士登基不久，就和打了半个世纪的西班牙建立起正常关系了，仗不用打了，老百姓总算松了口气。

另一个人们都担心的问题是宗教问题，英国是新教，詹姆士是天主教徒。国王会不会让70年来已经习惯了英国新教的民众改信天主教呢？事实证明，这是庸人自扰了。

不过新政策也有大家看不惯的地方，他从登基之初，就开始大肆宣扬君权神授，和国王有关的一切事物都体现了神意。那么国王反对的，就一定是恶魔了。

詹姆士是一个精通恶魔论的专家，他的朝代常有耸人听闻的巫婆被捉，于是桀骜不驯的人被视为鬼怪遭镇压，老百姓越来越频繁地看到被控行巫术的人被处决。

新国王执行的新政策也有关于剧团方面的。在他进入伦敦不久就宣告，如果剧团原先受到了海军大臣或者宫内大臣等达官贵人的庇护，那么，从今以后，只有王室成员才有权庇护剧团，并以自己的名字命名剧团。

因为莎士比亚所在的宫内大臣剧团被认为是最优秀的剧团，所以它就直接被庇护在国王之下，称为皇家剧团，这可是剧团领域的最高荣誉了。

宫内大臣剧团成为皇家剧团，使得剧团成员们都喜气洋洋的，每个人走起路来都变得精神抖擞。

剧团成员们被登录进宫廷仆从的名单，甚至每年都能被赏给一份数额不大的年俸。

与此同时，莎士比亚和剧团的另几名演员获得了当时认为是一种荣誉的国王亲随，即国王私人侍仆的头衔。

也许国王亲随这一类头衔和名位都是莫名其妙、难以理解的，但在詹姆士一世时代，它们绝不是毫无意义，反而它们赋予了拥有这些头衔、名位的人一种荣誉的社会地位。

然而，获得国王亲随的头衔并不意味着必须供国王驱遣，就像侍寝官不必给国王整理床铺，御膳官不在食桌旁侍候一样。

仅有一次，莎士比亚及其剧团同事被召入宫，去尽仆役的职守。这事发生在西班牙大使首次访问英国宫廷的时候，目的是为了向腓力普二世的使者炫耀一下英国国王的庄严伟大。

詹姆士一世被宣布为英国国王以后不久，伦敦开始流行黑死病。那时新国王没来得及庄严地进入首都，暂时住在几个高等贵族的城堡里。

由于黑死病流传，伦敦各剧院在1603年5月关闭。大量居民离开了伦敦，演员也离开此地。

为躲避瘟疫，宫内大臣剧团开始巡回演出，正好来到国王暂住的宾勃鲁克伯爵的城堡。

城堡的所有者，就是那位日后接受莎士比亚作品集第一个版本题献的宾勃鲁克伯爵。据说，宾勃鲁克“对这些剧本的作者表示了极大的好感”。

剧团为国王演出戏剧，国王非常喜欢他们的演出，他不仅给了剧团大量赏赐，还直接做了剧团的庇护人。

此后不久，詹姆士把行宫转到汉普顿·科特府。在这里，皇家统一剧团于1603年12月至1604年2月之间，先后为国王演出了6台戏，剧团因此而得到了53英镑的巨额收入。

同时，国王又拨出30英镑给伯比奇，“无论是他本人，还是剧团其他成员，鉴于他们被禁止在伦敦及其郊区公演剧本，都可从中得到支持和帮助，他们可以接受接济，一直到上帝愿让伦敦彻底恢复健康”。

1604年3月，传染病得到控制，国王詹姆士庄严地进入伦敦，盛大的游行队伍穿过全城，从伦敦塔一直到白厅王宫。

参加游行队伍的，有以市长为首的全市各行会的代表和演员们。莎士比亚和伯比奇也在其间，他们身穿着国王私人侍从的红呢大衣，随着欢迎新国王进入首都的游行队伍，走过全城。

从1604年4月9日起，剧院获准恢复演出，在这一年，“环球”剧院的舞台上首次演出了《一报还一报》和《奥赛罗》，这两个剧本也由莎士比亚剧团在王宫演出过。

以剧作嘲讽现实

由于成了国王的剧团，环球剧院的演员频繁地为宫中各种庆典献艺。宫廷演出不仅能证明演员的演技，还可以带来可观的赏钱。

国王对皇家剧团非常仁慈，莎士比亚很感激，但他更希望国王对人民仁慈一些，慈悲为怀。

莎士比亚的愿望很快破灭了，他听到这样的消息，同埃塞克斯一起叛乱、被判无期徒刑的扫桑普顿伯爵被赦免了。监督处死埃塞克斯的沃尔特·瑞理被逮捕投入伦敦塔。

莎士比亚想不通，放出扫桑普顿是好事，可瑞理是个无害的人哪，他怎么可能谋叛呢？瑞理是不会谋叛，但谋叛的人大有人在。不久，莎士比亚又听说了反对新国王的一个阴谋。

在 1605 年 11 月，詹姆士主持新国会的开幕式。一些天主教阴谋分子在会议大厅的地窖里放了一桶炸药，想在国王出席会议时引爆。阴谋被偶然发现，詹姆士避免了一场灾祸。

阴谋分子中有莎士比亚的一些熟人，莎士比亚在他的新悲剧《李尔王》中通过人物的嘴说出了这些台词：“亲爱的人互相疏远，朋友变为陌路，兄弟化成仇敌，城市里有暴动，国家发生内乱，宫廷之内潜藏着逆谋。”

观看这一剧本演出的观众立即明白这指的是什么。

火药阴谋案的另一个余响也出现在《麦克白》里。门房这个丑角听到敲门声，猜测这沉沉黑夜还有谁能到这里来。他的一种猜测是：“哼，一定是讲起话来暧昧含糊的家伙，他会同时站在两边。一会儿帮着这个骂那个，一会儿帮着那个骂这个。”

观众们马上猜出，莎士比亚暗示的是耶稣会教士亨利·加纳特，他知道火药阴谋，却没有告发。可是他事后出面认罪，希望得到宽恕，因为他的过错仅仅在于没有及时告发反正失败了的阴谋活动。然而，法庭并没理会这种辩白，他被处死刑了。

不过这个说起话来暧昧含糊的家伙并没有得到莎士比亚和伦敦人的同情。

莎士比亚痛心地看到，许多无辜的人和真正的罪犯同样被处死。在泰比伦丘陵，犯人被绞死、被车裂、被砍掉四肢和头颅；不被判死刑的或被砍掉双手、双腿；走运一点的，用火烙印或戴一阵子足枷。不可能有仁慈的君主，政府当局用铁和血来镇压不满，迫使民众屈服。

老百姓生活在水深火热之中，宫殿里却在寻欢作乐，笙歌华宴。1606 年夏天，王后的兄长丹麦国王克里斯蒂安四世到英国做正式访问。

当时黑死病又在流行，但仍为他举办了一系列的宴会、舞会和化装舞会。英国人千方百计地让客人高兴，为了避免染上黑死病，宴会都在郊外官邸和权贵的城堡中举行。

一次，王后和其他廷臣亲自为客人演出《所罗门和萨英女王》，由于他们喝得酩酊大醉，这出戏多了许多外加的噱头。

约翰·哈里顿爵士是莎士比亚的朋友，他是一个极严肃、有教养的人，他愤怒地向莎士比亚诉说了这场闹剧。

“威廉，这简直是胡闹、可耻。他们全都喝得大醉，扮演萨英女王的太太应当向两位国王献上珍贵的礼品。可是她忘了他们所坐的台座是有台阶的，绊了一下，礼品摔在丹麦国王的膝盖上，她也倒在他的脚边。结果她按着了他的脸，因为她把丹麦国王也摔倒在地上，两人倒在了一起。哈哈！”

“哈里顿爵士，这确实可笑，丹麦王也喝醉了吧！”

“那当然，两人倒在地上，引起一阵手忙脚乱，用餐巾、桌布擦抹了一番。”

“为什么要擦抹呢？”

“因为礼品匣里面装的是酒、奶油膏、果子酱、柠檬、甜点心、香料还有别的好玩意儿。”

“这可够缤纷多彩的。”

“还有更有趣的，一会儿丹麦国王站起来同萨英女王跳舞。但是他又摔倒了，倒在她的裙子上。”

“天啊！他俩真是有缘！”

“于是，我们就把国王搀到一间卧室，扶到床上，他用萨英女王留在他衣服上的礼品——酒啦、奶油膏、果子酱、柠檬、甜点心、香料和另外一些好玩意儿把床弄得一塌糊涂。”

“好一张宝床呀！”

“庆典和演出继续进行，那些演员不是溜之大吉，就是喝酒喝得晕晕乎乎，倒在地上。后来，出来了打扮得珠光宝气的希望、信仰、善良三位女神。”

“这回该说些正经话了吧？”

“希望女神想说点什么，但是美酒已使她瘫软，她对国王说希望原谅她讲话过于简短之后，就走了。‘信仰’站在那，没说什么，一会儿也踉跄地走了。

“这时‘善良’倒在国王的脚下，像是给她的姐妹赎罪，她好不容易致了祝辞和献了礼物，就说她得回去了。因为没有哪一件礼物是陛下不曾从天上那里得到过的。

“然后她去下面的大厅同她的两个姐妹待在一起，那两个可怜虫正在那儿呕吐。”

“爵士，我知道您很愤怒，可我只能劝您洁身自好。”

“威廉，我对女王的宫廷就没抱什么幻想，可当时至少还保持着外表的体面，你看看，这简直放荡淫逸。”

“您别生气，爵士，也许这只是国王因美酒忘却了理智。”

“可能如此。我认为，丹麦国王对我们善良的贵族产生了不良印象，因为那些贵族，我原先强迫不能让他们去品尝美酒。可现在他们却赶时髦，沉溺在这下贱的享受之中。连妇女也忘了戒酒，都可以看到她们如何醉倒在地。”

“爵士，丹麦王宫酗酒作乐早已闻名。”

“是啊，你在你的《哈姆莱特》中提过，不过，我确实佩服你，要不是这次亲眼目睹，我还不太相信，你可真是什么事都比别人早知道和早理解呀！”

莎士比亚并没有答话，他在思索着哈里顿爵士告诉他的事，统治者生活方式的事情，未必是不足挂齿的琐事啊！

与朋友合作共事

莎士比亚从1594年加入宫内大臣剧团开始，他就有了固定的同事，那些和他一起共同分担事业的忧虑和欢乐的剧团股东们。

莎士比亚的同事们是伦敦最优秀的演员。即使只回忆他们所扮演过的莎剧，就会意识到他们具有丰富多样的表演才能。

“他们是全世界最好的演员，无论悲剧、喜剧、历史剧、田园剧、田园喜剧、田园史剧、历史悲剧、历史田园悲剧、场面不变的正宗戏或是摆脱拘束的新派戏，他们无不拿手。”

“他们对于塞内加的悲剧不嫌其太沉重，普劳图斯的喜剧不嫌其太轻浮。无论在演出规律的或是自由的剧本方面，他们都是唯一的演员。”

在这里有必要将莎士比亚的莫逆之交们的名字呈现出来：理查·伯比奇、约翰·赫明、亨利·康德尔、奥格斯丁·腓力普、威廉·斯莱、威廉·凯普、托马斯·波普和理查·考里。

凯普是当时最优秀的喜剧演员。他在这一剧团干了6年左右，然后就离开了剧团。其他演员都一直在剧团干到退休或去世。

根据莎士比亚的工资就可以判断其他人的收入。与巡回演出、没有固定场子的时期不同，宫内大臣剧团的股东们为了证明自身职业的价值，过起了像最让人尊敬的资产者一样阔绰的生活。他们有足够的财力去支撑这种排场。

演员们时刻关心着如何使自己所从事的职业受人尊敬。不仅莎士比亚，而且剧团的另一些演员都力争取得低等贵族头衔，以及拥有被称做绅士的权利。

尽管在那个时代，一提到演员总说他们是不道德的人，但莎士比亚的同事们却是一些忠于事业和极为正派的人。

环球剧院建成，大部分演员迁居到剧院附近。他们都成了当地教堂的虔诚教民，赫明和康德尔甚至成了教堂长老，在周围居民心目中，这使得他们令人肃然起敬。

莎士比亚同剧团的主要股东，即理查·伯比奇、约翰·赫明和亨利·康德尔最为友好。他在遗嘱里提到了这三个人，给他们每人留了一笔钱，用来购买纪念他的戒指。

剧团的第一把交椅是属于理查·伯比奇的，他是扮演主角的优秀演员，他那高明的演技使人难以忘怀。

“伯比奇是个神妙的普洛透斯，他完全变成了他扮演的角色，仿佛把他的躯体连同他的衣服一起扔了似的，他在演出结束前从不露出自己的本来面目。”

“伯比奇具有一个出类拔萃的演说家的所有条件，这类人物能使自己所讲的每一句话都活起来，能把自己的台词化作行动。他一开口，听他讲话的人就被他迷住了。”

“当伯比奇沉默无言时，人们就惋惜不已。即使是这样，他仍然是一名超群出众的演员，他扮演的角色从不走神，即使在不讲话的时刻，他仍一直用眼神和身姿把角色扮演得高超无比。”

有人在伯比奇去世的时候写了一首挽诗：

年轻的哈姆莱特，年老的赫洛尼莫，
善良的李尔，悲伤的摩尔人等，
昔日曾活在他身上，如今却永远死去。

如果演技可以同剧本一样长久流传，也许伯比奇在今天会同莎士比亚得到同样的赞颂。

伯比奇不仅是卓越的演员，还是个很好的画家，这也体现了伯比奇的才华。希尔福德的约翰·戴维斯在长诗《小宇宙》里写道，他热爱和尊敬演员，“因为他们有一些擅长绘画，有一些善于写诗”。

在诗的旁边的空白处戴维斯做了一个小注，写了两个缩略式的姓名：W. S. 和 R. B。这显然是指写出好诗的演员威廉·莎士比亚和擅长绘画的演员理查·伯比奇。

在另一首《死神和命运女神间的内战》的长诗中，约翰·戴维斯又一次写到演员们，他把他们称作镜子，因为当人们看着演员扮演角色时，也就像在镜子里一样同时能够看清自己的罪恶。

但是还有另一类演员，当观看他们的时候，看到的不是罪恶，而是人的价值。在这几行诗旁的空白处，又写上了同样的两个缩略式姓名：W. S. 和 R. B。

我们知道，有一次莱特兰伯爵请莎士比亚和伯比奇替他制作骑士标志，他需要带着这一标志参加骑士比武。

于是，莎士比亚和伯比奇这两位伙伴又开始合作：莎士比亚负责构思，伯比奇负责把构思好的图案画出来。两个人各显神通，施展才智。

伯爵对他们的工作很满意，慷慨地给了他们一笔酬金。在伯爵的支出簿上管家记下了这笔账：“1613 年 3 月 31 日，为爵爷的标志支付给莎士比亚先生金币 44 先令。付给理查·伯比奇绘画和设色金币 44 先令。共计 4 英镑 8 先令。”

两位伙伴在制作伯爵的骑士标志时，莎士比亚已经不在剧院演戏了。但是，他仍然和剧团保持着事务关系，和同事的挚诚友谊没有中断。所有的成功，都是他们通力合作创造出的光辉戏剧形象所获得的。

在剧团的另一些成员中，莎士比亚同赫明和康德尔也特别友好。其他的股东演员显然也不只是莎士比亚事业上的同事。出生的记载真实地表现了演员们对莎士比亚的尊敬：在他们的儿子中，有几个取名叫威廉。应该能够想到，他们的教父是谁。

帮人缔结姻缘

在莎士比亚的伦敦熟人中，有法国人蒙儒阿一家。大约从 1601 年至 1607 年，莎士比亚就一直住在他们家。这家人对莎士比亚很尊敬、友善，莎士比亚也和他们相处得很好。

莎士比亚在这个家庭中度过的岁月，正是他写作几部最伟大的悲剧的岁月。这一家离圣保罗教堂不远，这教堂与其说是伦敦教会的中心，还不如说是市民世俗事务的中心。

蒙儒阿是制作高价而精致的假发的，这是一项很有利可图的手艺。但是他没有儿子，无法解决继承家业的问题。

蒙儒阿有一个徒弟叫斯蒂芬·贝洛德，他是个聪明勤快的小伙子，跟师父学了 6 年，师父的本事他都学会了，而且有很多活计没有他，蒙儒阿还觉得应付不过来。

斯蒂芬和师父只签了 6 年的合同，合同期满后就按照过去的合同外出旅行了。蒙儒阿一个人忙来忙去，直叹命苦，上帝没有给他一个儿子。

一次蒙儒阿累得腰酸背痛，就跟老伴诉苦，抱怨老伴没能给他生个儿子。老伴说："现在埋怨什么都晚了，不过咱有个女儿，也可以引进来一个儿子啊！要是你徒弟回来了，就让他娶咱们家玛丽，家业都给他，让他养咱们的老，不就行了。"

蒙儒阿想想很有道理，后悔没早点采取行动，现在也不知道斯蒂芬跑去哪里了，唉，想想更后悔。他又埋怨老伴为什么不早点说，老伴没理他，自己睡觉去了。而蒙儒阿祈求上苍把斯蒂芬送回来。

斯蒂芬结束了旅行又回到了伦敦，但是他一时找不到合适的工作，就这样又来找师父蒙儒阿。

蒙儒阿一看到徒弟斯蒂芬就喜出望外，马上就把要招他为婿的想法说了出来，可斯蒂芬不同意，他并不爱玛丽。

蒙儒阿磨破了嘴皮也不好使，坐在那儿唉声叹气，莎士比亚见房东愁眉苦脸的，就来问发生了什么麻烦事。

蒙儒阿看到莎士比亚，就像见到了救命稻草。

“莎士比亚先生，您会说好话，不像我嘴笨。我想招为斯蒂芬为婿继承我的铺子，给我养老，可他说什么也不答应，您说我该怎么办啊，愁死我了。”

这时站在一旁的蒙儒阿的妻子插嘴道：“莎士比亚先生，您帮忙做个媒吧，那个小伙子应该能答应的。玛丽虽然不漂亮，但是很懂事。您再看这家业，早晚都是他的。他要是不放心，在他们结婚的时候我们就给他一笔钱。”

莎士比亚作为长期的房客和这个家庭的朋友，决定帮蒙儒阿家这个忙，促成这门婚事。他运用了相当大的说服力来影响斯蒂芬，玛丽会带来一笔令人羡慕的嫁妆，还有当她父亲去世后，玛丽是唯一的财产继承人。

斯蒂芬是个聪明的孩子，他不再犹豫不决，莎士比亚主持了他们的订婚仪式。事情进展得顺利，没过几个月，两个年轻人就举行了结婚典礼。

莎士比亚觉得自己促成了一件好事，看着他们过得很好，他就更高兴了。1607 年以后，莎士比亚从蒙儒阿家搬走了。

1612 年，莎士比亚突然接到法庭的传票，传他去做证人，斯蒂芬向法庭控告岳父没有履行婚约条件。

莎士比亚没想到事情要用对簿公堂的形势来解决，也只好苦笑着出庭作证了。

法官问道：“请证人出示有关身份。”

莎士比亚答道："沃里克郡艾汶河畔的斯特拉福人威廉·莎士比亚，绅士，48岁。"

"证人请回答，你是否认识被告和原告，认识他们有多久了？"

"我认识争讼的两方，即原告和被告。我记得认识他们双方已经有10年左右了。"

"证人，你什么时候认识原告，原告是否在为被告工作期间使被告得到了很大的利益？"

"大人，我认识原告是他在被告家干活的时候，在他为被告干活的时期内，据我所知，被告行事正派而诚实。我没有听被告说过，被告从原告的劳务中得到很大的利益。但原告确实是一个勤奋的好工人。对这一问题我再没什么话能够回答。"

"证人，你是否建议原告娶玛丽为妻？"

"是的，大人。原告在被告那里干活的时候，被告对原告很有好感，极为关怀。我听过被告及其妻子多次谈到原告是一个极为诚实可靠的人。我可以证实，被告向原告建议娶玛丽为妻，她是被告的女儿，唯一的继承人。"

莎士比亚接着说，"如果原告同意，被告当初很想缔结这门婚姻。我接受被告妻子的请求，被告的妻子请证人向原告说合同意这门婚事；证人同意她的请求，我确曾向原告说合，缔结这一婚姻。"

"证人，被告是否答应在原告娶他女儿玛丽时给他60英镑，在他死后，给被告和自己的女儿200英镑？"

"大人，被告是答应原告在娶他女儿玛丽的时候给他一笔钱，但我不记得说定多少钱和应当什么时候支付这笔钱，我也不知道被告答应在死后给原告和自己女儿200英镑。"

"原告原先住在被告家里，他们曾就这一婚事问题多次磋商过，以后婚事告成，并在教堂举行仪式而成为神圣的结合。此外，我再也不能证实其他东西。"

“证人，被告在原告同他女儿结婚时所给的结婚用品同他许诺的相同吗？”

“大人，我对这一审讯者的另一些问题再也没有什么可说的，因为我不知道被告在原告同他女儿玛丽结婚时给了原告什么样的家庭用品。”

“好了证人，谢谢合作！你可以回去了。”

莎士比亚回家的路上，自言自语地说：“还是老话说得对，媒人和中间人是最不能做的。”

投资经营产业

在中世纪，教会是农民最大的封建剥削者，它拥有大量由佃农耕种的土地，佃农要向教会缴纳土地出产的10%的收入。在宗教改革和修道院被封闭之后，这些土地开始被形形色色的人物掌握。

斯特拉福城也有这种土地，它们属于市政厅。这些土地被承包给私人，再由他们把土地出租给佃农。承租的佃农向承包人缴纳什一税，同时承包人也把部分进项缴纳给市政厅。

1598 年，莎士比亚的同乡在得知他的进项后，曾向他提议购买斯特拉福交纳什一税的土地。当时莎士比亚大概还没有足够的财力去干这件事。

几年以后，莎士比亚在皇家供奉剧团这个合股经营企业中的股份取得的收益，允许他购买交纳什一税的土地了。拥有什一税可是荣耀、声望的象征，因此，莎士比亚家从此在斯特拉福有了更崇高的地位。

1605 年的盛夏，莎士比亚在斯特拉福做了一次大投资，7 月 24 日，他花了生平最大的一笔款项，付了 440 英镑，终于租下了斯特拉福缴纳什一税的部分税收权益。

莎士比亚买到手的只有全部税收的 1/8。这次买卖使他有权收取斯特拉福、威尔康及毕薛普登三个村落 1/2 的“玉米、谷物、烟叶、秣草”的税收，以及 1/2 的各种次要税和整个斯特拉福教区的羊毛税收。

根据契约，莎士比亚要把这 440 英镑付给原先的土地主拉尔夫·哈巴特。由此莎士比亚才有权收租，至 31 年期满为止，那时全部财产都由斯特拉福财团法人掌管。

事实上，莎士比亚每年应当付给斯特拉福市政厅财务 17 英镑，付给这些土地的第一个承包人 5 英镑。那么莎士比亚每年的净收入为 38 英镑。

莎士比亚获得了一个很好的投资方式，每年他能收回大约投资的 10%。20 年之内这些财产的价值几乎涨了一倍，同时，这项投资还带来了额外的社会地位。

购买新宅使莎士比亚在教堂里能有特别的座位，至于什一税的购得，则给了他一处特别的地方埋骨。莎士比亚现在是个世俗的牧师了，他可以葬在环绕圣坛的围栏之内。

莎士比亚家在斯特拉福的地位越来越尊贵，人们也开始设法遗忘这家主人是个演员的事实。莎士比亚在斯特拉福从不演戏，因为他是威廉·莎士比亚，是个绅士。

莎士比亚对城里的事情不太感兴趣，虽然他是斯特拉福的永久居民。

1611 年，国会里提出整建公路的法案，斯特拉福的 72 位大屋主都联名提出要求经济援助，其中有约翰·霍尔医生、托玛·格林等，唯独不见新宅的主人威廉·莎士比亚的名字。

莎士比亚的名字添写于右边页边上，显然是事后追加的。这是他唯一一次插手地方事务，也可能署名之时，莎士比亚到外地去了，回来之后才要求补上的。

在斯特拉福的记录里，莎士比亚的姓名真是出现得太少了，很可能是因为他对斯特拉福的事务没有兴趣，也不是非常关心。

在离开剧团之前，莎士比亚的名字曾两次登上斯特拉福的记录，都是为了讨债。

1604 年，莎士比亚控告一位欠他 35 先令麦芽钱的药剂师。

1608 年，莎士比亚又控告一位绅士，债款是 6 英镑。在斯特拉福，像他这样的算是官司打得很少的，因为打官司是斯特拉福人讨还债款的寻常方式。

关于钱财的事情，莎士比亚丝毫不肯马虎。1611 年，他再向康勃家人买了 20 英亩的放牧地，趁着高等法院第四期开庭期间，办妥了一份特别法律文件，以确定 9 年前他向康勃家买下的土地所有权。

1613 年 3 月，莎士比亚又投资不动产，这也是他第一次在伦敦投资。他在布莱克 · 弗莱尔以 140 英镑的价钱向一位叫亨利 · 华克的音乐家买了一幢有院落的房子，离“国王”的戏院 600 英尺。

詹姆士王朝初期，华克只花了 100 英镑购置这幢房子，在布莱克 · 弗莱尔这样繁华的住宅区里，房地产是会不断上涨的。莎士比亚把房子买下后，便往外出租了。

布莱克 · 弗莱尔产业的购买可能是莎士比亚置产手续最繁复的一次。他提出用 60 英镑的抵押作为付款的一部分，并且找了 3 个财产信托人。

1615 年，莎士比亚为了保护两年前在布莱克 · 弗莱尔买的不动产，又和别人一起在高等法院里进行诉讼，对方答应将必要的文件给予每个地主。

康勃家是斯特拉福地区最富有的家庭之一，他们决定把许多市民使用的一块地段圈起来，改变成牧地养牛。这样也意味着佃农们将不再交付什一税了。

斯特拉福城的人们对康勃的提议反应强烈。市政厅议会觉得他们如果允准了，在很大程度上是对子孙的背叛。这件事情结果演变成全城的事情。

斯特拉福市政厅委员会反对，康勃家和大多数斯特拉福市民间发生了争讼。

虽然康勃一再表示，他把土地圈起来，斯特拉福并不会有金钱损失，甚至还有实利可赚。然而问题的根结不在经济上，而在感情上。

对一般村民而言，圈地行为就是强取豪夺他们的土地，要把他们承租的小块小块的分田变成牧地，把面包强从无辜人们的口中夺走。

鉴于莎士比亚是最殷实、最受尊敬的市民之一，斯特拉福市政厅屡次请他在同康勃家的争讼中予以帮助。

1614 年 11 月 17 日，格林去找先一天已经抵达伦敦的莎士比亚商量，莎士比亚似乎并不感到烦恼。

12 月 23 日，斯特拉福市政厅召开大会，分别致康勃和莎士比亚一封信。在给康勃的信里，议会表示斯特拉福有 700 名穷人必须靠租公田生活。

要是圈地的话，就会存在很多不安定因素。为了避免不必要的悲剧发生，希望收信人能有“基督徒的思想”，改变原意。

莎士比亚收到的信的内容应该是与上面的相同，格林也写了封信给莎士比亚，说明开会、议决的情形。但是莎士比亚对这两封信似乎都无动于衷，对此是非也没多大兴趣。

还不到正月，康勃本人的情绪已经十分激动，开始在自己的土地上挖掘沟渠。

市民们带领妇女、儿童来到现场，把挖出的地界重新填平，骂骂咧咧地把挖土工人赶走。市民从政府方面得到了禁止圈地的命令，最终取得了胜利。

帮助剧团解围

在1604年至1606年的两年间，莎士比亚写了3部剧作，它们同《罗密欧与朱丽叶》、《哈姆莱特》一起，形成了他悲剧体裁技巧的高峰。

在1604年上演的《奥赛罗》，引起了巨大轰动，“观众尽情观赏，终场时怀着由衷的赞叹离去，而在看别的戏时不是一句台词也听不进去，就是使人厌倦。他们更喜欢的是‘诚实’的伊阿古或者嫉妒的摩尔人”。

有一个叫威廉·皮索普的，他给他新生的女儿行洗礼时取名叫苔丝狄摩娜。教区神父翻遍了教堂日历也没找到这样的教名，最后一问才知道是莎士比亚戏剧中女主角的名字。

在1606年，莎士比亚写了《麦克白》，这部戏是为讨好国王而写的，因为环球剧院在无意间闯了一个祸。

在1605年时，环球剧院上演了《高利》，说的是在詹姆士一世或苏格兰王时，曾侥幸避免了一次由高利领导组织的阴谋分子的谋害。最后阴谋分子的阴谋暴露，全都被绳之以法，判处绞刑。

观众们看得津津有味，又打又杀最后还有绞刑，但政府当局可不喜欢这种构思，因为这部戏描写反对国王的阴谋。

有人悄悄告诉剧团负责人：“我听说陪侍顾问的委员们对此剧甚表不满，大家认为它将被禁演。”

剧团听到这一消息，惊骇莫名，他们本想这剧可以吓唬阴谋反对国王的人，本是讨好国王的，怎么变成了这样。如果国王对剧团印象不好了，不再庇护剧团，这上上下下的这么多的人可怎么活呀？

皇家剧团必须挽回自己在国王和大臣心里的声誉，得演一个能获得他们青睐的作品，于是伙伴们向莎士比亚求援。

莎士比亚知道这关系剧团的安危，他对待这件事极为严肃认真，他开始阅读苏格兰的历史。

有一天，他突然宣布，他要写苏格兰权贵杀死国王篡位的故事。

剧团一片哗然，有人问道："威廉，你大概忘了你为什么要写这个剧本的吧？"

有人直言不讳："别惹麻烦了，威廉，你就对国王奉承奉承就可以了。"

莎士比亚不改初衷："你们别着急，我们的国王陛下是位精通魔法和巫术的高手，所以这部戏我会让他在舞台上看到真正的苏格兰女巫。而且我会让国王见到他的远祖——班柯，就是这部戏中国王麦克白下令杀死的那个人。"

"噢，莎士比亚你真的疯了。"

悲剧《麦克白》如期进宫为国王演出，詹姆士看到害死他祖先的杀人犯眼前常常出现可怕的幻象，受尽了折磨。

一次，詹姆士看到班柯的幽灵，班柯的后裔则紧跟在后面，有几个还拿着两个金球、3 根御杖。

詹姆士统治着英格兰、苏格兰和爱尔兰，手握 3 根御杖，作为英格兰和苏格兰的国王，又拥有两个金球。

詹姆士是拥有所有这 3 个帝王标志的第一人，这些标志还将传给他的后嗣。因而这种恭维是对詹姆士和斯图亚特整个王朝的恭维。

最后是别具一格的恭维，詹姆士相信君权神授，因而坚信上帝赋予他一种力量，莎士比亚就恭维这种神力：病人一经那贵为帝王的手触摸，就能霍然而愈。莎士比亚引进了一个戏剧场面，在剧中谈到了英国国王怎样医治自己的幕僚。

有一大群不幸的人们在等候他的医治，他们的疾病使最高明的医生也束手无策，可是上天给他这样神奇的力量，只要他手一触，他们就立即痊愈了。

剧中还有一个饰演市民的演员这样说道：

自从我来到英国以后，我常常看见这位善良的国王显示他的奇妙无比的本领。除了他自己以外，谁也不知道他是怎样祈求上天，可是害着这怪病的人，浑身肿烂，惨不忍睹，一切外科手术都无法医治的。

他只要嘴里念着祈祷，用一枚金章亲手挂在他们的颈上，他们便会霍然而愈。

据说他这种治病的天能，是世世相传，永袭罔替的。除了这种特殊的本领以外，他还是一个天生的预言家，福祥环拱着他的王座，表示他具有各种美德。

当演员们念着这些台词，国王詹姆士面带满意的笑容环顾大厅，看大家是否明白这些话是为谁而发，廷臣们则奴颜婢膝地一边点头，一边悄声表示赞同。

莎士比亚终于舒了一口气，知道一场风波又可以平息了。

经历家庭的悲欢

莎士比亚的母亲住在斯特拉福，他那嫁给制帽匠约翰·哈特的妹妹约翰娜也住在这里。

1600 年，妹妹、妹夫生了一个儿子，取名威廉。教父莎士比亚照顾着小孩，关心着他的未来，后来威廉·哈特成了演员。

家庭中还有另一名成员是演员，就是莎士比亚的小弟爱德蒙。莎士比亚把他安排在自己的剧团，先让他从学员做起，然后再往有薪水的演员上努力。

1607 年至 1608 年是莎士比亚家的多事之秋，有喜事也有丧事。

莎士比亚兴冲冲地回家参加了他大女儿苏珊娜的婚礼，他的大女儿苏珊娜终于在 24 岁时出嫁了，而且嫁的是一位赢得社会普遍尊敬的出色的医生。

1607 年 6 月 5 日，苏珊娜·莎士比亚和约翰·霍尔在斯特拉福的圣三一教堂举行婚礼。

但是，同年 12 月，莎士比亚在伦敦参加了安魂祈祷的悲哀仪式。他的弟弟爱德蒙患病去世了。

莎士比亚很难过，他毫不吝惜地为弟弟办了一个奢华的葬礼，并且花大钱把弟弟的尸骨安置在教堂祭坛的下面。

痛苦的人们凝视着祭坛沉甸甸的石板怎样覆盖在墓穴上面。莎士比亚望着这沉痛而肃穆的场面，感到灵魂一阵平静。后来他的遗嘱里注明将按殡葬他弟弟的方式为自己殡葬。

1608 年，这新的一年的开端是一件多么令人高兴的事。苏珊娜嫁给医生霍尔不到一年，就生了一个女儿，取名伊丽莎白。莎士比亚激动地看着自己的第一个外孙女受礼，默默祈祷她将一生平安。

然而，秋天又出了一件悲哀的事。1608 年 9 月 9 日，莎士比亚的母亲玛丽·阿登去世了。

年老的人去了，还有新的生命诞生，他的妹妹约翰娜生了一个儿子，取名叫迈克尔。家族就这样繁衍下来。

下一个月，应斯特拉福一位市议员亨利·沃克尔之请，让莎士比亚给他儿子行洗礼。我们知道，莎士比亚并没有忘了他的教子们。他临终前留下遗言，“给教子威廉·沃克尔 20 先令金币”。

此外，莎士比亚在斯特拉福还有些金钱方面的事务。他做了一件让他同乡吃惊的事情，他起诉了一个没有将借款如期偿还的市民。

前一时期，莎士比亚曾借给那个市民 6 英镑，但那位市民说是没钱，没能如期归还。

莎士比亚的家人埋怨他锱铢必较，莎士比亚把家人召集到一起说道：“我确实可以不让那人还这笔钱，但你们应该知道，这笔钱并不是小数目，我赚的每一个便士都不容易。如果我们不珍惜每一便士，这么大的一家子人很快就会败落的。”

“再说，如果开了这个先河，每个人借钱都不还，那以后我们的信贷关系还怎么建立？”

另外还有一个重要原因，就是在这一时期，皇家剧团买了一个新的演出场地。莎士比亚是这一剧院的股东之一。当他的剧院需要金钱的时候，他有什么理由要豁免人家的债务呢？

创作最后几部悲剧

不管发生什么变故，莎士比亚从没中断过写作。

1607 年，他写了《安东尼与克莉奥佩特拉》。他懂得君主或权贵与常人并没有什么区别，但是他们的地位使他们具有了常人所没有的条件。

莎士比亚看到过一个女人靠要手腕在四伏的危机中设法挣扎，为国操劳伴随着女性渺小的虚荣心，于是他塑造了一个女人克莉奥佩特拉。

在 1607 年，他又写了剧本《科利奥兰纳斯》，那时正爆发英国佃农起义，而他写的是罗马市民叛乱。他通过一个罗马平民之口，说出了任何一个穷人都可能说的话。

“我们都是苦百姓，”这位普通的“罗马市民”说，“贵族才是好市民。那些有权有势的人吃饱了，装不下的东西就可以救济我们。”

“他们只要把吃剩下来的东西趁着新鲜的时候赏给我们，我们就会以为他们是出于人道之心来救济我们。可是在他们看来，我们都是不值得救济的。”

“我们的痛苦饥寒，我们的枯瘦憔悴，就像是记载他们富裕的一张清单，他们享福就是靠了我们受苦。”

“让我们举起武器来复仇，趁我们还没有瘦得只剩几根骨头。天神知道我说这样的话，只是迫于没有面包吃的饥饿，不是因为渴于复仇！”

《雅典的泰门》是莎士比亚悲剧时期的最后一部作品，莎士比亚将笔触深入到更为遥远的古代，他把情节搬到公元前 5 世纪的古希腊。但是，时间的久远只是一种表面现象。他的这部作品更贴近了基本的社会矛盾。

莎士比亚通过主人公的嘴说出，主要的恶在于财产的不均，在于一些人贫困、一些人富裕，在于人们的价值并不是根据他们的人品去衡量的。

莎士比亚创作这部戏剧时，在思想认识上已经成熟，对社会也看得更透彻。他认识到金钱是社会普遍罪恶的根源，也认识到人文主义理想在现实生活中是无法实现的。

但是，对人类的前途始终抱乐观态度的莎士比亚，决不会放弃他的理想，他要用艺术的力量去化解罪恶，用笔去探索战胜恶的途径。

雅典富有的贵族泰门慷慨好施，在他的周围聚集了一些阿谀奉承的“朋友”，无论穷人还是达官贵族都愿意成为他的随从和食客，以骗取他的钱财。

泰门很快家产荡尽，负债累累。那些受惠于他的“朋友”们马上和他断绝了来往，债主们却无情地逼他还债。泰门发现同胞们的忘恩负义和贪婪后，变成了一个愤世者。

泰门宣布再次举办一场宴会，请来了过去的常客和社会名流。这些人误以为泰门是装穷来考验他们的忠诚，于是蜂拥而至，虚情假意地向泰门表白自己。

在宴会上，泰门揭开盖子，把盘子里的热水泼在客人的脸上和身上，把他们痛骂了一顿。他的激烈的做法并没有引起人们的反省，大家反而认为他这一次是真的“疯了”。

从此，悲愤交加的泰门对人类彻底失望，离开了他再也不能忍受的城市，躲进荒凉的洞穴，以树根充饥，过起了野兽般的生活。

有一天他在挖树根时发现了一堆金子，这个消息传到人们的耳朵里，无可救药的人们又燃起贪婪的希望，有人到森林里来找他，想骗取那些金子，结果被泰门怒斥。

在泰门看来，虚伪的“朋友”比窃贼更坏，他恶毒地诅咒人类和黄金。

金子败坏人心，颠倒事物的本质，它能使一切向自己的反面转化，能够使黑的变成白的，丑的变成美的，错的变成对的，卑贱变成尊贵，老人变成少年，懦夫变成勇士。

黄金是“人类敌意和流血战争的根源”，是“父子不和的工具”，是“最纯洁的夫妇的床榻的亵渎者”，也是“灵魂的试金石”，所有的人都是它卑微的奴隶。

为什么莎士比亚通过泰门之口说出对黄金愤激的台词，而自己又在聚敛金钱呢？

因为创作不仅是为了挣钱，但挣了钱可以让自己更加安静地创作。甚至像莎士比亚这样的天才也是在并非由他本人创造的环境下从事写作的。但是，挣钱决不是莎士比亚的目的，他“不出卖灵魂，但可以出卖手稿。”

爱惜年轻人才

莎士比亚是个爱惜年轻人才的剧作家，同时他也用心观察，为自己的剧团物色着接班人。渐渐地接班人已经初步选好了，但还不是交班的时候。

莎士比亚很欣赏这两个年轻的剧作家：佛朗西斯·波蒙和约翰·弗莱彻。他们有学识、有才华，他们也有商业意识，同时他们也能一心一意编写观众想看的戏来赚钱。

1606 年，圣保罗学校的儿童们演出了喜剧《憎恶女性的人》。它的作者就是佛朗西斯·波蒙。他是一个外省法官的儿子，家人希望他能成为宗教界人士，就把他送往牛津大学学习。

波蒙对牧师这一职业却毫无兴趣，到伦敦加入了坦波尔法学协会。他同许多法学校的学生一样，热爱戏剧。他看够了戏，自己也动笔写起喜剧来。

波蒙认识了本·琼生，本·琼生助了他一臂之力，把他的第一个剧本交给儿童剧团演出，这个时候的本·琼生就是负责为儿童剧团写剧本。日后，波蒙自认为是本·琼生的弟子，后来曾自豪地谈到这一点。

波蒙比莎士比亚小 20 岁，他的剧作获得了成功，也许是本·琼生的鼓动，也许是他本人同本·琼生一样，也爱惹是生非。

不管出于什么原因，波蒙的下一个剧本《火材骑士》是一部讽刺性模拟作品，它嘲笑那种对浪漫蒂克冒险剧的迷恋。

大约在同一时期，约翰·弗莱彻来到伦敦。他生于 1579 年，比波蒙年长 5 岁，和波蒙同时开始写作，却没有取得任何成功。

一个偶然的事件使波蒙和弗莱彻建立了友谊，于是两人决定共同生活，一起写作。他们这样过了几年，直到1613年波蒙结婚为止。此后，他们仍继续合作，波蒙过早逝世才使这种合作中断。

两个人有时候也与别人合作，但主要是彼此合作。他们知道观众尤其是女性观众，她们爱梦想胜过爱现实生活，所以就竭力避开现实不写，因为这种现实“人类经受不住多少”。

市民的婆娘想看结尾圆满的戏，波蒙和弗莱彻必能让其如愿。中产阶级爱好传奇故事和艳词丽语，他俩也能满足。老百姓要看什么样的戏，他俩摸得准、写得快，完美配合。

波蒙和弗莱彻两人或单独、或合作、或与别人合作，大量炮制爱情故事，文笔风格也算一致，但却是一种缺乏个性的可塑文体。

波蒙和弗莱彻两人对莎士比亚有研究，可以看看下面的文字：

大地啊，请你作证：
我何须吹嘘？这擒获的王子
和我在这多灾多难国土上的
所作所为难道还不足以说明？
还要我夸口吗？偌大一片疆土，
哪一尺土地没有我的足迹，
没有我的战斗，没有被我征服？
所以我和虚夸没有缘分。

波蒙和弗莱彻所写的故事明白如话，道德伦理也很简单易懂。写到复杂的伦理观念时，耍个小手段，就可以掩饰过去了。

两人不去深入挖掘的做法，着实存在华而不实的嫌疑，但是他们却是制造合乎观众胃口作品的高手。

波蒙和弗莱彻被皇家剧团长期聘用，取代了莎士比亚的位子。倒回数 10 年，莎士比亚也曾把本·琼生收罗进自己的剧团，但那个希望落空了。

莎士比亚一直在寻找自己的接班人。正是他给波蒙和弗莱彻的才能以高度的评价，并建议剧团如数收买他们今后所写的剧本。

也许莎士比亚出于纯粹伦理的或审美的原则，喜欢支持才华洋溢的年轻人。

也许莎士比亚作为剧团的一个重要股东，也无疑会对才华洋溢的年轻人感兴趣，因为剧团的收入对他来讲远非不足挂齿的小事。

参与文学聚会

在离圣保罗教堂不远处，有一家酒馆，它的招牌上画着一个披头散发、拖着一条鱼尾的少女图案，这就是当时赫赫有名的人鱼酒馆。

人鱼酒馆的意义并不在此，由于它地处伦敦中心，因而成了人们喜欢的聚会场所。

人鱼酒馆的老板和莎士比亚同名，叫威廉。他很会做生意，待人也很热情，一些戏剧、文学方面的名人都和他是朋友。后来他们又决定在人鱼酒馆每月的第一个星期五聚会。

可是星期五是斋日，斋日里不能吃肉，只能吃鱼，这个文学戏剧小组的成员们不满足只吃鱼餐。他们向老板提议，可怜的老板面临选择，要么失去有利可图而又友好的顾客，要么被罚款。老板选择了后者。

文人们都赞叹老板够朋友，老板说："为了朋友，金钱又算得了什么呢?"但他在肚子里接着说："何况你们的慷慨可以弥补我这一额外支出呢!"

每月参加聚会的都是些爱好文学，并在文坛上有一席之地的人。他们不分年龄、身份，把酒言欢，高谈阔论。他们中自然有莎士比亚和本·琼生。

还有一个年轻人叫约翰·堂恩，他喜欢写诗。本·琼生认为他从某些方面看是世界上最出色的诗人。可是，他生前没有获得这方面的荣誉，他后来做了教士，有一段传道词流传很广：

任何个人都不是与世隔绝的孤岛。每一个岛，仿佛是大陆的一部分，洲的一部分，要是大海冲刷掉海岸岩石的一角，那么，整个欧洲就由此而缩小同岩石一角相等的一块地方。

每一个人的死亡，对我来说都是一种损失，因为我和整个人类密不可分。所以最好永不要问钟声为谁而鸣，他是为你而敲。

在聚会的人群中，本·琼生是所谓指手画脚的人。他全副武装，随时准备展开唇枪舌剑的争论。有时候堂恩写的诗不入他的体系之中，他就会大喊："约翰·堂恩不遵法度，应当把他吊死！"

有一次本·琼生听了一些医学知识，就开始他的一段高论："朋友们，你们知道我和莎士比亚先生为什么性格如此不同吗？那是因为我们的'气质'不同。"

"本·琼生先生，什么叫'气质'？"

"'气质'是一个科学名词，它是人体内包含着的一定的流质或黏液。气质的不同结合，决定着人的不同的心理性格，个人行为特征也由此产生。这些特征不以周围环境为转移。'气质'可能有时表现为热情，有时表现为怪想。"

"能够和你有不同的气质，本人不胜荣幸。"莎士比亚笑着说。

"不用客气，本人也荣幸之至。"

对于莎士比亚呢，难道本·琼生会仅仅因为他年长，作为戏剧家又获得了普遍的承认而让他安生吗？这正好激发本·琼生推翻已经确立的权威，以便取而代之的兴致。然而，莎士比亚并没有认输。

"莎士比亚先生、本·琼生先生，你们总是在争论，我不大懂气质，但我觉得你们两人的风格确实不同。一方宛若重型的西班牙大帆船，另一方好比是英国的战船。"

"本·琼生像前者，以广博的知识取胜，但行动迟缓笨拙。莎士比亚先生则像英国战船，规模略逊，可是更为机动灵活，不必依赖潮涨潮落，善于适应和利用任何风力，换句话说，莎士比亚先生更机敏灵巧。”

“哈哈，真是后生可畏，竟然评论起我们这些老家伙了。”本·琼生说。

多么形象、鲜明的描绘，把何等生动的画面在我们面前展开！想出这种比喻的人，应当是属于那特定的一辈人，即经历过消灭“无敌舰队”的重大历史事件的人。

莎士比亚和本·琼生争论的到底是些什么问题呢？本·琼生属于这样的一类作家，他们一旦有精彩的语句或俏皮话，就决不会轻易放过。莎士比亚记在心里，大概还会笔录下来，以后就写进作品之中。

本·琼生在喜剧《个性互异》中嘲笑了某些剧本，说它们通过三把锈剑在舞台上描绘了红白玫瑰战争。

除了三部曲《亨利六世》的作者，还能影射谁呢？在《巴索洛缪市场》剧本中的某处，本·琼生嘲笑了那些仍然迷恋莎士比亚的《泰特斯·安德洛尼克斯》的人，并说具有这种趣味的人已经落后时代25年至30年了。

对于莎士比亚那一代人来说，他是反映了最大限度的生活真实的艺术家。

对于本·琼生这一代人来说，莎士比亚的早期创作是一种没有生活基础的浪漫蒂克。本·琼生摒弃这种浪漫主义倾向，要求剧本同日常生活紧密联系在一起。

有一次，在人鱼酒馆里，本·琼生忽发奇想说：“人难免有一死，不知道我死了以后你们会怎么评论我。现在大家就评论我吧，我要死了，你们给我什么样的墓志铭？”

于是，人鱼酒馆里围桌而坐的人们开始陷入沉思。墓志铭第一行是本·琼生本人想出来的，他有腔有调地朗诵着：

这里躺着本·琼生，万事俱已抛

莎士比亚用迅雷不及掩耳的回答让在座的大家都大吃一惊：

胡子上他压根没有毛。

大家一阵哄堂大笑，但本·琼生可不饶了。莎士比亚赶忙说：“本·琼生，别生气，我再做一个给你，这次不好，你再算总账。”

本·琼生从此在这里长眠，
现在他并不比任何傻女人聪明。
但是，像他生前一样，在未来的世纪，
他将在自己的诗中永生。

“谢谢你，威廉，如果我死后可以用墓志铭的话，我就会用这个。”

话虽是玩笑话，可里面包含着太多沧桑。死后，谁知道后人如何评论呢？

本·琼生有了一个儿子，莎士比亚被邀当了新生儿的教父。本·琼生问：“你打算给教子什么礼品？”

莎士比亚笑着回答：“我将送他一把铜做的匙子，你把它翻成了拉丁文。”

莎士比亚的玩笑都是善意的，而本·琼生的话则向来刻薄。他们之间的争论并没导致个人之间的敌意，尽管有人散布过类似的小道消息。

本·琼生和莎士比亚两个人能够很友好地相处，就像两个都有独立不倚的思想的人所做到的那样朋友。可是，他们在戏剧的创作性质上存在分歧。

由于本·琼生和莎士比亚这两人的争论，导致形成了两个文学戏剧派别。这两派人员企图在本·琼生和莎士比亚的生前抬高一个、贬低一个。

在1612年至1613年，参加聚会的人或者离开了伦敦，或者结婚安家，或遭遇变故，人鱼酒馆的聚会就这样结束了。

有关这些聚会的温馨回忆一直保存在参加这些聚会的人的脑海之中。就在作家们不再光临人鱼酒馆以后的两三年，其中一位成员给本·琼生写了一封诗简，他在其中惬意地回忆着他们在会面时争论和开玩笑的情况：

我们在此见到了什么呀！你记得，在那里语言是那么灵巧，并充满了火一般的热情，它们仿佛是由那样一个人孕育而成：他把自己整个的智慧放进了这一笑话之中，以便今后渡过那暗淡而没有悟性的一生。

我们在那里的智慧是那么多，够全城过3天寄生的生活，每一个白痴都可以毫不计算地挥霍，即使一切积蓄全部花光，我们身后仍有那样的氛围残留，处身在那一氛围之中，甚至是两伙傻瓜，只要愿意，也会得到智慧。

改变写作方向

从1600年至1608年，莎士比亚主要写悲剧，他共写了7个悲剧和3个接近悲剧的剧本。而在1608年，莎士比亚的写作风格发生了根本转折，他开始写传奇剧。

在攀登上悲剧体裁的技巧顶峰后，莎士比亚把自己的艺术发现和灵感的成果提供给他人利用，自己却选择了一条新路。

只有天才人物才敢这样慷慨大方，略有才干的普通作家通常是不肯冒着风险把刚找到的方法抛弃的，尤其不会彻底改变自己的写作手法，但是莎士比亚却敢冒这种风险。

事情的起因是剧院收到了蹩脚文人乔治·威尔金斯的一个剧本。这是他根据一个描写泰尔的亚波隆尼斯的中世纪传奇改编的剧本，主角名叫配力克斯。剧本送到了皇家剧团手里。

剧本颇为简陋，但是剧院需要增补剧目，于是莎士比亚动手进行改写。剧本的前两幕基本没动，其他部分则要重新写。

于是，戏剧舞台上出现了《泰尔亲王配力克里斯》这一出传奇剧，奠定了今后剧院中剧本新潮流的基础。

有一次，莎士比亚和本·琼生在人鱼酒馆碰面，本·琼生问莎士比亚："感觉你最近写的《泰尔亲王配力克里斯》跟以前的风格很不一样，它到底是悲剧还是喜剧？"

"既非悲剧，也非喜剧，而是这两者的混合物。在这杂拌里加进一点历史或者地理，有时还有点田园诗。"

莎士比亚接着说："如果说是喜剧也行，结局还好，结局好一切都好嘛；如果说是悲剧也行，因为虽有完满的结局，其中却有许许多多的灾难，基本上都是冒险故事。”

“威廉，你怎么了，虽然你的戏剧写得有些缠绵，有时也不尊重历史，但这种风格也还不错，你为什么舍长取短，去编这种情节离奇的戏剧呢?”

“本·琼生，你的风格不也变了吗?你在为宫廷编假面剧，这种戏连情节都没有，就是给王后和其他贵妇人提供展示华美衣服的场合而已。诗歌和音乐取悦听觉，用色彩艳丽的服装和美丽如画的布景取悦视觉。那你的戏剧天才又在哪里呢?”

本·琼生和莎士比亚两个人都不说话了，他们都改变了风格，因为社会改变了。

新体裁在戏剧中的发展是由各种不同的原因促成的。由于社会长期处于紧张状态，一种松弛的要求在广泛的社会阶层中油然而生，艺术迎合了这种欲求。

传奇剧利用了假面剧这一体裁的某些因素，它不仅保留了剧情的紧张性，甚至还使用大量外加的故事，比如，难以置信的冒险经历、毫无分寸的暴行以及摆脱不幸的奇迹。

与此同时，上层统治集团比较喜欢色彩绚丽、供人消遣的戏剧，因为它给人鲜明的印象，不需人们去做认真地思索。詹姆士的宫廷喜欢假面剧。

假面剧是旧式的道德剧或插剧与新兴起的歌剧的混合物。它演出时间短，场面豪华，不追求文采才气，但以富丽堂皇见长。

假面剧是一种综合艺术形式，必须要有诗人、作曲家、舞蹈编导和舞台美术设计人员等的通力合作，有时还得请动物园饲养员来配合制造特殊效果。

假面剧的主题是抽象的。“善”与“恶”按照道德剧的惯例被赋予人形，但都穿上了十分讲究的服装，它们在剧中彼此较量，最终总是以“善”得胜结束。演出时舞台效果逼真，言词高雅，举止雍容，一点都不带粗俗之气。

假面剧“正戏”一完，随之有一出“反戏”，就像一般的戏演完要来一场轻快的舞蹈那样。这“反戏”与“正戏”形成鲜明对照，只见满台是野人、侏儒、黑人、土耳其人、狒狒、小丑，跳来跳去，吵吵嚷嚷，真是形形色色，无奇不有。

宫廷假面剧引人入胜的地方在于有许多朝廷显贵登台演出。舞台布置、戏文与音乐都由专业人员布置安排，但演员通常由身居高位的票友担任，这些达官贵人都喜欢当众炫耀他们魁梧的身材和洪亮的嗓音。

在一般的表演中，女角都是由男童饰演的，严禁女子登台，不过这一禁忌并不适用于假面剧。于是太太小姐们都乐于在舞蹈和静态造型中袒露她们的胸脯和大腿。

本·琼生主要为宫廷写作优美的假面剧，有时也为民间剧院写些鞭挞恶劣现象的极其尖锐刻薄的讽刺喜剧。

莎士比亚由于不愿陷入寒心的境地，没有为宫廷效劳写过假面剧，他一如既往为自己的剧院写作，只在晚年剧作中偶尔穿插一段类似假面剧的鬼魂显灵场面。

莎士比亚所写的传奇剧可以在宫廷演出，这是对宫廷所做的让步。他有时也把这一戏剧形式用于崇高的人文主义目的。

莎士比亚从此以后开始用这一格调写作，继《泰尔亲王配力克里斯》后，他又给剧院写了3个这一类的剧本：《辛白林》、《冬天的故事》和《暴风雨》。在这几个剧本中，对各种各样冒险所作的戏剧描绘是通过富有诗意的形式体现出来的。

安享晚年

畏惧并不能免于一死，战争的结果大不了也不过一死。奋战而死，是以死亡摧毁死亡，畏怯而死，却做了死亡的奴隶。

——莎士比亚

精妙的写作功底

创作过程的神速只是一种表面现象，一切构思总是逐步成熟的，复杂而大型的作品，如交响乐和诗剧的构思尤其如此。

一旦构思成熟，把它记在纸上，对艺术家来说并不需要花太多的劳动。而莎士比亚的创作过程看起来就很轻松快速。

莎士比亚的朋友本·琼生，能够很好地证明这一点，因为他曾在剧院里近在咫尺地观察过莎士比亚工作。

“记得演员们为了称赞莎士比亚，常说他不管写什么东西，从不删改一行文字。我对此曾回答说：‘他最好删掉一千行。’他们认为这是我的恶意攻击……他写得那样轻松，以至于有时必须让他停下。他的头脑极其敏锐，但却并非总能控制自己。”

莎士比亚才思的敏捷在其他人那里也能得到证实。同样是剧团股东的赫明和康德，他俩处理莎士比亚的手稿几乎达 30 年，说他是个写作快速的作家，“他的手、脑同行并进，说与写同样顺畅，我们难得收到他有涂抹的稿子”。

莎士比亚是先把一切在脑海里想过以后才写在纸上的。所幸的是莎士比亚能够“在自己脑袋中先将一切准备好、想完全”，不然的话，他的职业是不能容忍他有漫长的余暇涂来抹去、字斟句酌的。

创造性想象是一切大艺术家进行创作的必要能力，现实永远是艺术创作得以发展的主要环境。莎士比亚在现实中观察人的激情和行为，同时，他也总是从现有的文献和剧作中寻找他的戏剧情节。

有两部历史巨著莎士比亚用得特别多，他从中为自己 12 部以上的剧本汲取了情节。最初，拉菲尔·贺林希德的《英格兰、苏格兰和爱尔兰编年史》是莎士比亚创作的固定来源。

莎士比亚通过这部著作熟悉了他写作编年史剧所需要的一切历史事件，进而创作了《亨利六世》、《查理三世》、《约翰王》等历史剧。

莎士比亚写作编年史剧不仅利用贺林希德的作品，他还知道其他英国史家的作品。那时，某些历史情节已经被编成戏剧。

莎士比亚虽然反复阅读过贺林希德的作品，但是他写作某些编年史剧《约翰王》、《亨利四世》的基本依据则来自他前辈的剧本。

莎士比亚所使用的是贺林希德第二版的《英格兰、苏格兰和爱尔兰编年史》，书上有6处莎士比亚姓名的别致花体缩写，而且书页的空白处有一些批注，恰恰是在莎士比亚构思英国历史题材剧本所直接利用的那些材料。

莎士比亚通过阅读贺林希德的著作，无师自通地理解了英国的历史，国王的政策以及人民的命运，同时也发展了自己从国家角度着眼思考问题的能力。

另一部使莎士比亚入迷的历史著作，是古希腊历史学家普鲁塔克的《希腊罗马名人传》。

莎士比亚读的是英文译本，正是这个英译本成了他戏剧情节的来源，把译文和普鲁塔克的情节所写成的剧本做一比较，就可以看到它们之间的吻合一致。

贺林希德的《编年史》是根据古代纪年编纂而成，叙事的优劣取决于贺林希德编选入书的各纪年作者的才能。

普鲁塔克和贺林希德不同，他是真正的作家，历史人物写照的巨匠，也是深思熟虑的道德问题作家。

普鲁塔克给莎士比亚灌输了很多“治国思想”，但是，他更用他那对事件及事件参加者的栩栩如生地描绘吸引了莎士比亚。

斯特拉福文法学校的老师们决心使他们的学生毕业时都能充分熟悉拉丁文的基础，在课堂上讲授了奥维德的《变形记》。

学生们好不容易地学会了念拉丁诗。但是，一旦懂得了这些诗篇的意义，他们就不能不被罗马诗人的诗体故事所吸引。

莎士比亚回想起了他的老师曾讲过的故事：奥古斯都皇帝把奥维德流放到一个最遥远的行省。最典雅的诗人的文质彬彬同他被迫身处其间的野蛮，两者的对照在莎士比亚脑海中生动地浮现出来。

我们可以在喜剧《皆大欢喜》中听到这一对照的回响。试金石走进亚登森林，对牧羊女奥德蕾说：

> 我陪着你和你的山羊在这里，就像那最会梦想的诗人在一群哥特人中间一样。

古罗马诗人的作品所呈现的抒情性和叙事技巧以及细节性格的奇妙糅合，深深地吸引了莎士比亚。

古代作者对人性的理解如此深刻，对人性的描绘那样富有表现力，不能不使莎士比亚倾倒。

那时的英国正如饥似渴地关注着意大利和法国文化生活中发生的一切现象。莎士比亚不懂意大利语，但当时有许多文艺复兴时代意大利短篇小说的译本和改写本用来阅读。

在法国作者中，莎士比亚最熟悉蒙泰涅的《随笔集》。他认识意大利翻译家约翰·佛洛里奥，他们大概是在扫桑普顿伯爵家见过面。

《随笔集》的第一页就已经使莎士比亚惊讶不已，因为作者在这一页上预告说：“这是一部真诚的书，读者……我刻画的不是别人，而是我自己。”

莎士比亚不喜欢经院哲学，他发现和蒙泰涅在思想方面很接近。《随笔集》对莎士比亚产生了深刻的印象，这可以根据他的作品，尤其是《哈姆莱特》中的许多反响来判断。

在西班牙作家中，莎士比亚只知道写过田园传奇《狄安娜》的豪尔赫·蒙特马约尔和塞万提斯。他和弗[illegible]彻曾采用过后者《堂·吉诃德》的情节，写了已散佚的剧本《卡德尼奥》。

莎士比亚最熟悉的自然是本国文学。他了解 14 世纪英国第一个人文主义者和现实主义者杰弗里·乔叟及其同时代人约翰·高尔，同时他也几乎熟悉和他同时代的所有文学和戏剧。

和整个英国有教养的阶层一样，莎士比亚读过由英国印刷术的鼻祖威廉·凯克斯顿在 15 世纪末刊印的《特洛亚故事集》。

民间创作也是莎士比亚特别关注的一个诗歌领域。民歌被他有机地组织进剧本之中，所以他的作品中有许多是对英国民俗中的童话、神话和逸闻的追忆。

人生最后一部戏

在1613年，莎士比亚的仅剩下的弟弟理查也未能长寿，患病去世了，终年38岁。

至此，莎士比亚家只剩下他一个男人了。

莎士比亚的豪宅显得更大、更空了。同时心中有时也很是凄凉。

1613年3月下旬，莎士比亚又回到伦敦，指导了他最后一部戏《亨利八世》的排练。

莎士比亚没有饰演角色，但却不能不关注排戏的情况，因为这毕竟是他的最后一部戏。

《亨利八世》没有用传奇笔法写，而是根据史实表现出来的，所以该戏在环球剧院首演时，戏名起为《一切皆事实》。

首演时已经是1613年夏天了，但是在这次演出时剧院失火，结果把环球剧院烧成了一片废墟。

当时伦敦的两名官员，对于环球剧院失火事件也展开了一番议论。他们中的一位是作为廷臣、外交家和作家的亨利·沃顿，另一位是大名鼎鼎的爱德蒙·培根。

“培根先生，国家大事暂且不提。我要先谈谈本国发生在泰晤士河彼岸的事件来博你一笑。”

“沃顿先生，是不是皇家剧团的环球剧场着火的事情啊？”

“您已经知道这件事了？”

“我只是听说，您要是亲眼目睹，我很希望听到您描绘一下那激动人心的场景。”

“皇家剧团的演员们演了一部叫《亨利八世》的新剧本，演出的场面可以说是既豪华又盛大，舞台上铺满了席子，勋章获得者都佩戴着建功立业的标志。禁卫军穿上了全副行头，但绣花制服以及诸如此类的小玩意儿足以使威严大打折扣。”

“这种场面应该挺好笑。”

“确实如此，剧情是红衣主教的府邸正举行假面舞会。这时国王亨利八世驾到，人们向他鸣炮致意，演出时用纸或其他什么玩意儿做的填弹塞由炮口飞出，落到了草屋顶上起了烟，可没人发现。最后，火烧了起来，很快蔓延到整个剧院，结果不到一个小时，剧院被烧成了一片瓦砾。”

“上帝保佑，没有出人命，这真是不幸中的万幸。《亨利八世》是环球剧院最后一次上演莎士比亚的戏，这个人写的戏还不错。”

“是呀，也许想用盛大的场面纪念一下吧，结果却弄巧成拙。”

在莎士比亚最后一个剧本上演之际，环球剧院失火被毁，这也许代表着莎士比亚戏剧生涯的结束和戏剧史上莎士比亚时代的结束。

一年之后，剧院建筑完全恢复了。莎士比亚的一个同伴给莎士比亚写信：

威廉，我们的剧院重建好了，许多人都在谈论这个新剧院，认为这是英国有剧院以来最美丽的一个！

新剧院建好了，但这也许不再是莎士比亚的剧院了。

挥手和剧院告别

在莎士比亚 48 岁时，周围环境促使他做出了脱离剧院的决定。他将在剧团中的股份转让给了别人，清理了他在伦敦的一切财产和财务方面的事情，他不再为剧团写作了。

大剧作家莎士比亚要退出剧坛，这引起了人们的种种猜想。

“莎士比亚先生像是病了，他年纪大了，有时我见到医生到他家去过。”莎士比亚的一个女邻居发布最权威的信息。

“莎士比亚先生功成名就了，没什么可操心的了，回家享福去了。”一个中年人有些嫉妒地下着结论。

文人们想得深一些，“莎士比亚的创作灵感并没有枯竭，这我们都清楚。创作是剧作家的本能，他还能写，我不懂他离开的原因。”

“莎士比亚不是疲惫，他是太失望了，现在甚至连搦管为文的想法也不能使他高兴，为谁创作？又为谁演戏？他同进戏院看戏的新一代是格格不入的。”

“我同意你的看法，这是所有文人的悲哀。看看他的悲剧吧，他疲倦，对人世苦恼，对充斥在周围的一切卑劣事件极端厌恶。”

“他离开是有原因的，我知道，现在他的剧本在上演时总是被歪曲、删削，而且还是他最珍视的部分。”

“总之，他离开了，我们少了一个中坚力量，以后这场聚会又少了一名主将，还能撑多久呢？我们这些文人在这个社会又能撑多久呢？”

上面是莎士比亚离开后，文人们在聚会时的一次情景，这情景很快就不再有了。

在莎士比亚离开剧团的最后日子里，剧本《暴风雨》是莎士比亚最后几部完美的作品之一。剧本内容的很多地方都暗含着他即将话别剧院的用意。

《暴风雨》创作的动因是英国航海家在遥远的海域和蛮荒之地所遇灾难的故事。但是，使莎士比亚感兴趣的不是地理，而是人的心灵和人们创造出来的那些荒谬绝伦、违反自然法则、又于己有害的生活方式。

《暴风雨》开头就响亮地提出了权势在强大的自然力面前的渺小。国王及其随从乘坐的船只遇到了暴风雨，国王的顾问贡柴罗和水手长发生了争吵。

通过狂吼的风声，大不敬的老海员如狼似虎地向惹人厌烦地站在甲板上的大臣吆喝道："要是你有本事命令风浪静下来，叫眼前大家都平安，那么我们愿意从此不再干这拉帆收缆的营生了，把你的权威用出来吧！"

"这里的波涛哪里管得了什么国王不国王？"

莎士比亚在这里表述了一个古老的真理：戏剧艺术是过眼烟云，它只有在演出的瞬间才存在。演出一结束，它也就无影无踪地消失了，留下的只有观众体验过的激动。

戏剧艺术，跟人生类似。"环球"剧院招牌上的箴言："世界大剧场"，即蕴含着人人都是演员的意思。莎士比亚用种种不同的调子表达了这种思想，在后期尤其如此：

人生不过是一个行走的影子，一个在舞台上指手画脚的拙劣的伶人，登场片刻，就在无声无息中悄然退下。

人生来自无生，复归于寂灭，和永恒比较，不过是一个短暂的瞬间。

构成我们的料子也就是那梦幻的料子；我们的短暂的一

生，前后都环绕在酣睡之中。

不难感到所有这一切的后面隐蔽着怎样的心情。

《暴风雨》是一个非常优美的、生气蓬勃的剧本，但写它的人却是一个疲惫不堪的人。

一天清晨，莎士比亚离开了伦敦，当他走过主教门时回头看了看身后的剧院。

“老朋友们，都还没起床吧？昨晚的戏剧演得挺晚的，不要浪费一天为我欢送了，我不想同你们说再见。”

当莎士比亚走过政府各机关和王宫的时候，他在心里边想：“哈哈，我终于可以不管你们了，如今你们再也不能限制我。我自由了，哪里管得了什么国王不国王，我要过我自己的生活。”

走过城门，莎士比亚久久凝视着这个在烟雾中的庞然大物。

“伦敦城，已经25年了，我终于要永远地同你别离，我应该感谢你，你教会了我一切，给了我观众、金钱、名誉和地位，而我也将25年的人生给了你，我将回到我的灵魂安栖之处。斯特拉福城，我在那里出生，也将在那里死亡。”

隐退美丽的家乡

莎士比亚就这样抛开喧闹的伦敦和忙乱的剧院生活，返回故乡。

莎士比亚为这次返回斯特拉福早已做了准备，他多年来积攒了一笔财产，购买了动产和不动产，布置了宽敞的房屋。

莎士比亚离别伦敦迁居外省小城时，他的行动完全和他心爱的蒙泰涅所劝告的一样。

“我们该和社会分手的那一时刻到来了，因为我们再也没有什么可以向它提供。不能给予，就不该索取。我们的精力已大不如前，我们把它集中储存起来，供我们自用。”

“苏格拉底说，青年人应当学习做好事，成年人应当练习做好事，老年人应当摆脱公民和战争方面的事务，不承担一定的任务，随意生活。”

现在，莎士比亚果真过起这样的生活了：不承担一定的任务而悠游度日。斯特拉福有他的一家，还有和他保持着多年友谊的同乡。

莎士比亚生来是个庄稼人，在闲暇时正好重温一下花草树木和鸟兽鱼虫的知识。书本中已经没有可学的了，对他来说，说不定就连天上诸神和古典英雄也只存在于墙上挂着的油画和刺绣上面。

1613 年，莎士比亚的妻子已经 57 岁，而他也 49 岁了。他们开始共度桑榆晚景。

莎士比亚的晚年生活或许是这么一幅景象：莎士比亚正翻阅蒙泰涅这位无限明智而又有着惊人的人情味的作家的作品，可能其中的一页吸引了他的注意：“美满的婚姻，排斥爱情，以及与之俱来的一切。婚姻力求用友谊替代爱情。这也就是愉快地共度岁月，经久不渝，互相信任及互相体贴，彼此帮助，各尽其责。任何一位妇女，只要她的婚姻合意。”

蒙泰涅在这里停下，来引用卡图鲁斯的话：

要是她是和她喜欢的人结婚，是不会愿意同她丈夫的情妇或女伴交换位子的。如果他把她作为妻子眷恋，那么，这种感情要可敬得多，牢固得多。

如果他偶然热情勃发，死乞白赖地纠缠另一个妇女，那么，让我们问问他，在他的妻子和情妇之间，他宁愿哪一个人蒙受耻辱，他更愿意哪个人享有崇高的地位，哪一个人的不幸会使他更痛苦？

如果他的婚姻是建立在健康的基础上的话，那么，答案不会引起丝毫怀疑。

我们对此也不能有所怀疑。黝黑的太太得到了莎士比亚的几十行赠诗，我们可以从中看出她是怎样使他“热情勃发，死乞白赖地纠缠”她。安·莎士比亚得到了房子，两座粮仓，两个花园，供转租的土地，满库的大麦芽、衣服、餐具、家具……

总而言之，安·莎士比亚得到了产业，足以使斯特拉福所有公民在她走过街道时深深地向她鞠躬致意。她抚育和教养女儿，把家庭安排得舒适惬意，供丈夫返回斯特拉福时享用。她给丈夫安排好离别剧院后拟在其中生活的房舍。

安·莎士比亚和丈夫一起度过了25年，度过了他那整个不轻松的劳作生活。黝黑的太太给予莎士比亚的是片刻的欢娱，以及几年的痛苦。

莎士比亚的大女儿苏珊娜在1607年就已嫁给医生霍尔，搬到了丈夫家。小女儿裘迪丝留在双亲家中。

如果苏珊娜是识文断字的，甚至是很有教养的妇女的话，那么，小女儿裘迪丝却显然一点都不会书写。但这并不一定是她老守闺房的原因。不管怎么说，她一直住在父亲家中几乎到他去世。

莎士比亚在其中度过童年和少年时代的亨利街老屋，住着他的妹妹约翰娜及其以制帽为业的丈夫威廉·哈特和 3 个儿子：威廉、托马斯和迈克尔。

除了亲属，莎士比亚的好友是法学家托马·格林，他从前曾在伦敦学习，他们可能在那里相识。

1600 年，格林开始留住斯特拉福，被选担任需要法律知识的部门的职务，主持着地方行会的事务。

1610 年，格林当上了市办公厅职员。他在莎士比亚本人居留伦敦期间长期住在莎士比亚家中，和莎士比亚家庭的密切联系使他觉得他有权自认是莎士比亚的远亲。

在斯特拉福居民中，还有哈姆涅特·萨德勒及其妻子裘迪丝，莎士比亚 1585 年出生的双胞胎就是以他们的名字命名的。

哈姆涅特·萨德勒把自己许多孩子中的一个同样取名为威廉，以此报答老友。哈姆涅特·萨德勒是确证遗嘱的两个证人之一。

和哈姆涅特·萨德勒一起成为第二位证人的，是和莎士比亚比邻而居的斯特拉福毛呢商人朱利叶斯·肖。莎士比亚和肖两家的父辈有着业务联系，建立了友谊，而子辈则继承了这种关系。

莎士比亚家在纺织品工商业者中有着特别广泛的联系。因而，在他斯特拉福的好友中，干这一行的还有亨利·沃克，莎士比亚曾为其子行过洗礼。

莎士比亚和斯特拉福的首富康勃一家的交往历时甚久。托马斯·康勃的房屋是斯特拉福第二座大宅，仅次于莎士比亚家。他的兄弟约翰·康勃是一个富有的单身汉，斯特拉福最大的高利贷者。

放债利息本来就很高，而约翰·康勃更是漫天要价地向他的债务人勒索取暴利。莎士比亚在一篇传遍全城的讽刺性墓志铭中嘲笑了他：

魔鬼允许百元本取十元利，
约翰·康勃却惯于赚取大洋整十二。
你想知道这一抔黄土埋葬的是谁，
魔鬼回答说："这是我的约翰·康勃。"

但是，并非康勃全家都是这样。托马斯·康勃的几个儿子都获得了莎士比亚的好感。他们中有一位小托马斯·康勃，莎士比亚临终曾把佩剑遗赠给他。

随身武器通常在身后是留给大儿子的，因而，莎士比亚把佩剑赠给年轻的托马斯·康勃，证明莎士比亚对他怀有特别的好感。

属于莎士比亚朋友圈子的，还有康勃的亲戚托马斯·雷诺兹及其一家。莎士比亚曾遗赠给托马斯的儿子威廉·雷诺兹一笔小钱，购买纪念戒指。

得到同样的纪念戒指的还有安东尼·纳什和约翰·纳什两兄弟。安东尼之子日后娶了莎士比亚的外孙女。

莎士比亚在斯特拉福的朋友和熟人的圈子中都是市民。他也许有几个贵族朋友，莎士比亚尽管有权自称绅士，但他分明并不倾心于贵族，而保持了同斯特拉福工商业者一切旧有的家庭联系。

莎士比亚在斯特拉福的暮年生活绝非平安无事。这诚然都是一些局限于地方一隅的事件和涉及家庭的变故，但是当莎士比亚摆脱了戏剧工作以后，这些事件却吸引了他的注意。

1614 年夏，斯特拉福惨遭火灾，54 家民房被烧毁。莎士比亚为遭到火灾的老乡四处奔走，求助政府机关的熟人拨款重建被焚毁的家园。人们都很感激他，也更加尊重他。

家事带来的烦恼

当成年女子的父亲有多难啊！

1613 年，整个斯特拉福城都在传播一个流言："莎士比亚的大女儿苏珊娜，虽然嫁给了一个令人敬重的医生，却作践她的丈夫，和一个市民勾搭上了。"

传播这一流言的是年轻浪子约翰·莱恩，苏珊娜无意间惹了他，他就怀恨在心来诽谤她。

流言传遍了斯特拉福，被侮辱的女儿跑来找父亲商量对策，看看如何消除这种可耻的流言。莎士比亚望着流泪不止的女儿和愁眉不展的女婿，也很发愁，女人的名誉可是她的第二生命啊！

"父亲，我该怎么办？现在我已经成了整个斯特拉福的话柄，我不想活下去了。可是伊丽莎白还么小，只有 6 岁啊，我不想让她成为没有母亲的孩子，可这样的母亲，也许没有更好！"

"霍尔，你怀疑你的妻子吗？"莎士比亚问女婿。

"当然不，我尊重她、信任她，谁会相信一个无赖的话？"

"谢谢你，霍尔，既然这样，我们应该到宗教法庭告他诽谤。"

苏珊娜听从了父亲的话，夫妻两个人向宗教法庭指控那个诽谤者。

但是那个无事生非的家伙并没有出庭澄清事实真相。宗教法庭因为他的恶劣行径而把他开除了教籍，苏珊娜恢复了名誉。

苏珊娜的事情解决了，他还有一个女儿裘迪丝呢，她才使莎士比亚头疼不已。

1616 年 2 月，小女儿裘迪丝突然对父母宣布，她要嫁给托马斯·

奎尼。嫁人当然是件好事，她已经32岁了，可她嫁的对象……

“裘迪丝，虽然你比他大6岁，但是你可以结婚，不过必须过一段时间，现在是停止在教堂举行结婚仪式的季节。”

“我们已经定好在2月10日了，不会改变。”

“不行，必须征得主教恩准。”

“有什么关系呢，大不了被开除出教。”

莎士比亚一气之下晕了过去，他本已经疾病缠身。

也像威廉·莎士比亚和安·莎士比亚结婚的故事一样，为了缔结婚姻，裘迪丝也要征得主教的恩准，但请求未获批准，然而托马斯和裘迪丝还是结了婚。

莎士比亚对二女儿的婚事不怎么看好，因为婚事办得太仓促了，好像奎尼有什么不可告人的目的似的。

莎士比亚的女儿甚至因此被宗教法庭传讯，要她说明她那样行事的理由，然而她没有出庭，被开除出教。

更出人意料的是在裘迪丝和奎尼结婚后一个月左右，奎尼的丑事就暴露了。

原来奎尼让一个叫惠勒的女人怀了孕，就在他结婚后的一个月左右，这女人和新生的婴儿双双死去。为此，镇上的一位律师把奎尼告上法庭。奎尼在法庭上承认了他与惠勒发生过肉体关系，并表示悔恨。

奎尼被判当众悔罪，必须连续3个礼拜天，身披一条白单子到教区教堂示众，接受群众的唾骂和谴责。

但是奎尼以罚谢罪交了5先令的罚金，事情算是了结了，免得在大庭广众之下出丑。

奎尼原形毕露，让莎士比亚家很失望。他是通过欺骗手段与裘迪丝成亲的，婚后也没拿出当初答应过的价值100英镑的田地。

立下身后遗嘱

立遗嘱是绅士的职责，莎士比亚对此十分重视。遗嘱的第一稿是1616年1月写好的。

莎士比亚写剧本总是一挥而就，写遗嘱却慢慢悠悠，非常谨慎。

莎士比亚是怎样总结自己的呢？这里将引用蒙泰涅的话：

我们旅程的终点是死亡，即我们企求的极限，如果它使我们惊惧，我们怎能跨出那即使是唯一的一步而不发烧打战呢？群氓采用的救治办法是完全不去想它。

但是为了达到这种浑浑噩噩的境界，需要怎样的非理性的颟顸迟钝啊，群氓连死字都不敢说，因为遗嘱上不能不提到死字，你不用期待在医生对他们作出最后的判决之前他们会考虑立遗嘱。

至于我，那么，感谢上帝，在他感到适合的时刻我都能离去，除了生命，没有丝毫的忧伤。

我摆脱了一切羁绊，除了自身，我向所有人事先作了防患未然的告别。从来没有人那样镇静地准备离开这一世界，从来没有人像我计划履行的那样断然割断与世界的联系。

回想一下莎士比亚悲剧中的人物怎样离别生活，就可以清楚地看出他对死亡等的看法。他们死时既没有感伤的愤恨，也没有哀怨的恸哭和祈祷。

“我是古罗马人。”想和朋友哈姆莱特同归地府的霍拉旭说，而古罗马人勃鲁托斯是这样赴死的："暮色罩在我的眼睛上，我的筋骨渴望得到它劳苦已久的安息。"

古罗马人安东尼又是这样赴死的："把战甲脱下吧！永昼的工作已经完毕，我们现在该去睡了。"

时光过得很快，莎士比亚的大女儿一直再未生育，莎士比亚抱外孙的希望又成了泡影。

看来只好另寄希望在二女儿裘迪丝的身上。可是二女儿的丈夫奎尼做出的那件不道德的事情，让莎士比亚很失望。

莎士比亚预先把公证人请来，以便根据一切法律条文写出反映他最后意愿的证件。

莎士比亚积聚了大量财富，应当决定处置财产的办法。他确定大女儿为主要继承人。她根据遗嘱得到了父亲的大房子新宅，由祖父传给父亲的位于亨利街上的房子，所有的土地，还有一大笔现钱。

莎士比亚留给他妻子的遗物是，"一张二等床"，仅此而已。

在遗嘱中已写明，莎士比亚的妻子可得到孀妇按一般习惯所得到的亡夫遗产，也可在苏珊娜夫妇继承里得到寡母的位置。

"一张二等床"应当摆在合适的房间，这房间当然就是"寡母的位置"。

这张"二等床"是不是莎士比亚的妻子从娘家带来的那张双人床呢?

莎士比亚是不是对他妻子太苛刻了啊?

是不是英国的法律当时有明文规定，妻子有权获得丈夫1/3的遗产，不用在遗嘱里再写明；还是莎士比亚觉得妻子比自己大8岁，也许会死在他前头，所以在遗嘱里没有详细写，我们只能保持这个疑问。

如果按照英国的风俗，最好的床是用来招待贵客的，那么"二等床"应该是夫妇共用的。

莎士比亚特地说明这张床归妻子使用，在这种情况下，它不是夫妇交恶的标志，而是一种格外的照顾。

莎士比亚对其他的家产做了如下的分配：小女儿裘迪丝获得300英镑和一个大银碗；

莎士比亚的妹妹约翰娜终生使用亨利街上的房子和20镑现款，她的3个儿子每人5英镑；

苏珊娜的女儿，莎士比亚的外孙女伊莉莎白·霍尔，获得整套碗碟器皿；

教子威廉·沃克获得20先令金币，施舍穷人10英镑；

托马斯·康勃，莎士比亚留给他一把佩剑；

老友哈姆涅特·萨德勒、威廉·雷诺兹、安东尼·纳什和约翰·纳什，每人26先令8便士，用以购买纪念戒指；

遗嘱执行人托马斯·拉塞尔和佛朗西斯·科林斯，前者5英镑，后者13英镑6先令8便士。

所有这些人都是斯特拉福市民，或是莎士比亚的亲属，或是他的好友。但是他也没有忘记伦敦的朋友，没有忘记和他们在剧院共同工作的岁月中结成的亲密友谊。

莎士比亚的同事约翰·赫明、理查·伯比奇和亨利·康德尔，每人赠予26先令8便士，用以购买戒指。当时的演员们都恪守悼念亡友佩带纪念戒指的风俗，并为这一目的而遗赠金钱。

莎士比亚病危时曾对早先写好的遗嘱做过修改，为了赋予这一证件以充分合法性，除了在遗嘱后面签字以外，还在分产的庞大清单的第一页和第二页上签了名。

遗嘱最后一页的签名，在最初立遗嘱的时候就已签好，用的是健康人的自信而平整的笔法。在清单第一页和第二页上签字，他的手已经把握不稳，看来莎士比亚在签署这份遗嘱的定本时病情已经十分严重了。

拉上生命的帷幕

1616年3月的一天，莎士比亚以罕见的愉悦心情在家中接待了德雷顿和本·琼生。

在豪宅内，莎士比亚热情地欢迎本·琼生的到来，他笑着说道："你瞧，由于你的光临，我这阴沉沉的房宅都明亮多了！"

本·琼生笑了，说道："我说你这宅子都快赶上贵族的府邸了。"

"你能来看我，我太高兴了。"

莎士比亚仍然笑得合不拢嘴。

本·琼生说："我要徒步旅行，你这儿算一站。伦敦的空气太臭了，每个健康的人都会憋得要死！"

"可你的假面剧不一直很受欢迎吗？"

"他们欢迎的只是美妙的布景！"

"听说你又写出了《炼金者》！"

"你在伦敦还有密探啊？"

"戏班来的人说的。"

可以说，在莎士比亚之后，本·琼生在戏剧界已经独领风骚了。他终于真正继承了马洛的手法，进入了创作鼎盛时期。

在上面提到的戏剧中，本·琼生的讽刺剧具有马洛式的雄伟气魄。

“查普曼那家伙也写出了两部好戏。”本·琼生说，“都是写法国亨利三世王朝时的事情。”

“他够得上是你对手。”

“我没有对手！包括你，你也不是我的对手！哈哈！”

正在这时候，德雷顿来了。

德雷顿是个诗人，也是在人鱼酒馆聚会的常客之一。他住在离斯特拉福不远的亨利·莱因斯福德庄园里。

三个人开始大谈本·琼生由伦敦带来的不幸消息：这年的3月6日，佛朗西斯·波蒙去世了，那时他才37岁。

莎士比亚和德雷顿都已经50多了，对此颇感遗憾。本·琼生可能回忆起不久以前波蒙寄给他的一封友情洋溢的书简，描述他们在人鱼酒馆聚会的事。在信函中，波蒙对莎士比亚颇为赞扬：

让我的诗作那样俚俗，一如莎士比亚的优秀创作。

莎士比亚当然会问起最近的戏剧新闻，本·琼生讲了一些消息，同时也绝不忘记夸耀他所获得的成功。

就这样三个好朋友在一起聊了很久，当天快黑的时候，莎士比亚说：“好了，我的朋友们，咱们可以喝酒了！让你们尝尝我妻子的厨艺！咱们今天不醉不归，真是难得你们两个同时光临啊！”

也许是莎士比亚酒喝多了所致，或者是在他送客人的时候着了凉，当天夜里，莎士比亚就病了。

莎士比亚的女婿霍尔已经尽了全力，但莎士比亚的病还是越来越重。

莎士比亚告诉万分焦急的女儿和女婿：“不要企图把我的病治好了，上帝要召唤我去天堂，谁能阻止呢？”

从那以后，莎士比亚就经常陷入昏迷状态，有时还说些谁都听不懂的话，像是沉浸在幻觉中一样。

1616年4月23日，莎士比亚那颗伟大的心脏停止了跳动，与世长辞。莎士比亚整整活了52岁。

莎士比亚在人间演完了他人生的最后一幕，也许，他想到天国去重新登台了。

莎士比亚的遗骸被埋葬在斯特拉福教堂的祭坛下面，根据莎士比亚生前的指示，他葬身之处竖着一块墓碑，上面写着：

好心的朋友，
看在耶稣的份上，
切莫移动埋葬于此的遗骸。
不碰这些石块者上天保佑，
使我尸骨不安者必受诅咒。

几年以后，教堂壁龛放置了莎士比亚的半身胸像。1622年，比莎士比亚多活7年的妻子被埋葬在他的身旁。就在这一墓列中，以后又增加了莎士比亚的女儿苏珊娜及其丈夫约翰·霍尔的坟墓。

在1623年，莎士比亚的朋友赫明和康德尔编辑出版了他的戏剧集，书名为《威廉·莎士比亚先生的喜剧、历史剧和悲剧》。根据标准的真正的文本刊印，这本书也被称为“第一对开本”。

在“第一对开本”中，有很多献词和称颂作者的诗，在众多的诗作中，最有价值的是本·琼生的诗篇，其中写道：

他不只属于一个时代，
而属于全世纪。

附　录

堕落的子孙可以把显贵的门第败坏，把巨富的财产荡毁，可是道德和才艺，却可以使一个凡人成为不朽的神明。

——莎士比亚

经典故事

灵活机智的头脑

有一次，声名远扬的莎士比亚在戏剧中扮演国王的角色，这时英国女王伊丽莎白正在包厢里观看他的表演。她忽然想试试能不能分散莎士比亚的注意力，就扔下一块手帕。

手帕飘到了台上的“国王”的脚边，而细心的莎士比亚则不动声色地吩咐他身后的“大臣”说：“把我姐姐的手帕捡起来！”

莎士比亚的语言机智而又巧妙，引来台上台下一片掌声。

卓越的表演天赋

在莎士比亚很小的时候，他的父亲就把他送进了一所贵族学校读书。希望他长大后能成为一名德高望重的牧师。

不幸的是，父亲望子成龙的心愿在莎士比亚 13 岁的时候就破灭了。由于货币贬值，父亲苦心经营的商店倒闭了，他再也没有能力为莎士比亚支付高昂的学费。

因此，莎士比亚不得不退学回家，和父亲过起了拮据的生活。但家庭的突然变故并没有影响酷爱学习的莎士比亚，他总是利用一切机会勤奋学习。

有一次，莎士比亚有幸观看了当时有名的女王歌剧团的演出，从此对戏剧产生了浓厚的兴趣。

莎士比亚经常邀请小伙伴们一起排练戏剧，并试着写一些简单的剧本。起初，他们只是在家里演出，后来他们把简陋的舞台搬到了公园里，吸引更多的人来观看。大家观看后都对这群孩子的精彩表演赞叹不已。

受到伊丽莎白女王认可

在莎士比亚的历史剧作中，君主往往是反面角色。伊丽莎白女王呢，当然知道这一点，她并没有下令禁止演出莎士比亚的戏剧。

因为莎士比亚从来就没有对女王有任何不敬，相反，他写了很多歌颂女王及其母亲的剧本，赢得了大家的喜爱，如果他敢把女王写成反面角色，他早就人头落地了。

尽管在《哈姆莱特》这样的剧作中，有“脆弱啊，你的名字是女人!”这样的台词。但是，这并没有影响伊丽莎白女王就坐在舞台对面的包厢里看戏。

因为称女人脆弱是一种赞美，反之，如果一个女人常被说成刚强，一般被认为是一种污蔑。

女王的宽容，成就了莎士比亚的艺术高度，也成就了整个英国人民的面貌和气质。

在酒吧会见记者

一位年轻的记者正坐在一个酒吧里，心里很是激动，再过一会，他将要在这里采访赫赫有名的剧作家莎士比亚。

因为莎士比亚的另一部新剧《哈姆莱特》正在上演，上司安排他来做这次采访。

为了这次采访，可以说，这位记者费尽心机做了很多采访前的工作，搜集了很多有关莎士比亚的相关信息。

就在这时，一个身材较小、有些秃顶的老头儿走了进来，直接坐在了他的对面。一看上去，只见老头儿相貌平平，衣着也很随意，两只手上却沾满了墨水。

“年轻人，你是不是在等什么人啊？”老头儿开始和记者攀谈。

记者的脸上马上露出得意的神情：“是啊，过一会就会有一个重量级的人物来呢，他就是英国最伟大的剧作家威廉·莎士比亚。”

老头儿的眼中闪过狡黠的光，说：“你以前见过莎士比亚吗？”

记者更加得意了：“还没有见过。不过，今天我要对他进行专访。他的新剧《哈姆莱特》首演成功。我刚刚从环球剧院回来。”

“这么巧，我也是刚打那儿过来的。那出戏还真是不错。”老头儿停了停，轻声笑了笑，“不过，这出戏有的地方还是让人感觉有些乏味。为什么大家都认为那个叫莎士比亚的人就那么伟大呢？”

听到这个平凡的老头这样怀疑大师莎士比亚的作品，这个记者就把之前搜集来的知识卖弄了一番。

“大多数人都很难理解莎士比亚的才华，更不用说那些反复出现在他剧中的微妙而又难以描述的意象。举个例子吧，莎士比亚在他的新剧中反复提到了耳朵和听觉。语言可以用来交流思想，但也可能歪曲真相、诋毁他人。在《哈姆莱特》中，耳朵一词就被谋杀者使用过，哈姆莱特也提到过很多次呢。”

这个记者无视面前的长者，口若悬河般发表着自己的言论，老头儿却在尽力控制自己不要笑出声来。

“是不是应该这样理解，莎士比亚就喜欢写一些耳朵什么的，而这种东西，其实并没有什么深奥的意思？”老人问道。

“这绝对是不可能的，”记者大声叫道，“你怎么能够理解得了呢！莎士比亚是个天才，他对人物的刻画可以说是入木三分！不信你想想哈姆莱特喊出的那句台词，是生存还是死亡？”

老头儿微微一笑："你认为这句话有什么深刻的含义吗?"

"这个嘛……"记者一时说不出话来。

老头儿终于哈哈大笑起来："是生存还是死亡，这其实不是什么问题!"

记者有些疑惑："先生，你在说什么!我认为他在新剧中提出的这个问题让我感到震撼。"

"妙妙妙，好好好!他的思考正是他逃避思考别的问题的一个手段。"老头儿缓缓说道，"如果一个作家能自己编造出一些前所未有的新词，那他是多么的了不起啊!因为没有人会承认自己的无知，他们会认为那些荒谬无稽的词句，一定隐含着一些很深奥的东西。"

记者把眼睛瞪得大大的。

老头儿继续说："本来不存在的东西，无需去寻找它。"

老头儿浅浅一笑，在账单上签上了他的名字，酒吧服务员看到老人的签字，服务员的脸上充满了敬重。

老头儿离开了酒吧。那位记者还坐在那里，等待着那个已经来过了的要等待的人。

年谱

1564 年 4 月 23 日，莎士比亚出生于英格兰斯特拉福镇。

1568 年，莎父任斯特拉福城市长，莎士比亚开始学写字母。

1579 年，完成文法学校课程。

1580 年，斯特拉福城定期有剧团表演，开始接触戏剧。

1582 年，与安·哈瑟维结婚。

1583 年，长女出世，取名苏珊娜。

1585 年，得一男一女双胞胎，分别取名为哈姆涅特和裘迪丝。

1587 年，前往伦敦加入剧团，开始演员生涯，并开始尝试写剧本。

1592 年，被公认为成功的演员。写成《亨利六世》和《错误的喜剧》两个剧本。

1593 年，完成《维纳斯与阿都尼》、《查理三世》和《驯悍记》等剧本的写作。

1594 年，写作《鲁克丽丝受辱记》，加入宫内大臣剧团。《泰特斯·安德洛尼克斯》、《维洛那二绅士》和《爱的徒劳》相继问世。

1595 年，《仲夏夜之梦》、《查理二世》、《罗密欧与朱丽叶》完成。

1596 年，独子哈姆涅特夭折。10 月，授勋章，颁发绅士纹章，写成《威尼斯商人》、《约翰王》等剧本。

1597 年，枢密院命所有戏剧停演，宫内大臣剧团开始巡回演出。完成《无事生非》、《亨利四世》（上篇）。

1598 年，《亨利四世》（下篇）和《温莎的风流娘儿们》问世。

1599 年，“环球”剧院落成。《皆大欢喜》、《裘力斯·凯撒》上演。

1600 年，完成《第十二夜》的写作。

1601 年，《哈姆莱特》完成，演出造成轰动。

1602 年，买地置产，成为大地主。《特罗伊拉斯与克莱西德》完成。

1603 年 3 月，伊丽莎白女王去世，詹姆士一世登基，宫内大臣剧团改名为皇家剧团。完成《终成眷属》剧本。

1604 年，《奥赛罗》、《一报还一报》问世。

1605 年，《李尔王》上演。

1606 年，《麦克白》上演。

1607 年，《安东尼与克莉奥佩特拉》问世。

1608 年，皇家剧团继续在环球剧院演出，并开始在过去的黑僧修道院室内剧场演出。完成《雅典的泰门》的写作。

1609 年，《泰尔亲王配力克里斯》、《十四行诗集》出版。

1610 年，《辛白林》问世。

1611 年，写成《冬天的故事》。

1612 年，返回斯特拉福。《暴风雨》上演。

1613 年，新剧《一切皆事实》演出，但因剧院发生火灾，终告无疾而终。《亨利八世》完成。

1616 年 1 月，立遗嘱，3 月 25 日签署遗嘱，

1616 年 4 月 23 日，因病去世，终年 52 岁。

名言

●不太热烈的爱情才会维持久远。

●黑夜无论怎样悠长，白昼总会到来。

●如果做好心理准备，一切准备都已经完成。

●在命运的颠沛中，最可以看出人们的气节。

●超乎一切之上的一件事，就是保持青春朝气。

●要是不能把握时机，就要终身蹭蹬，一事无成。

●没有什么事是好的或坏的，但思想却使其中有所不同。

●不要只因一次失败，就放弃你原来决心想达到的目的。

●青春是一个短暂的美梦，当你醒来时，它早已消失无踪。

●对众人一视同仁，对少数人推心置腹，对任何人不要亏负。

●多听，少说，接受每一个人的责难，但是保留你的最后裁决。

●当我们胆敢作恶，来满足卑下的希冀，我们就迷失了本性，不再是我们自己。

●朋友之间用不自然的礼貌时，就可以知道他们的感情已经开始低落了。

●宁愿做一朵篱下的野花，不愿做一朵受恩惠的蔷薇。与其逢迎献媚，偷取别人的欢心，毋宁被众人所鄙弃。

●时间会刺破青春的华丽精致，会把平行线刻上美人的额角，会吃掉稀世之珍，天生丽质，什么都逃不过它横扫的镰刀。

●懦夫在未死以前，就已经死了好多次；勇士一生只死一次。在一切怪事中，人们的贪生怕死就是一件最奇怪的事情。

●不管饕餮的时间怎样吞噬着一切，我们要在这一息尚存的时候，努力博取我们的声誉，使时间的镰刀不能伤害我们。

●爱情不是花荫下的甜言，不是桃花源中的蜜语，不是轻绵的眼泪，更不是死硬的强迫，爱情是建立在共同语言的基础上的。

●习气那个怪物，虽然是魔鬼，会吞掉一切的羞耻心，也会做天使，把日积月累的美德善行熏陶成自然而然而令人安之若素的家常便饭。

●一切礼仪，都是为了文饰那些虚伪故事的行为，言不由衷的欢迎，出尔反尔的殷勤而设立的；如果有真实的友谊，这些虚伪的形式就该一律摈弃。

●人生就像是一匹用善恶的丝线交错成的布；我们的善行必须受我们过去过失的鞭挞，才不会过分趾高气扬；我们的罪恶又赖我们的善行把它们掩盖，才不会完全绝望。

图书在版编目(CIP)数据

莎士比亚 / 蒲永平编著. —北京:中国社会出版社, 2012.6

(世界名人非常之路)

ISBN 978-7-5087-4053-9

Ⅰ. ①莎… Ⅱ. ①蒲… Ⅲ. ①莎士比亚,W.(1564~1616)-生平事迹 Ⅳ. ①K835.615.6

中国版本图书馆 CIP 数据核字(2012)第 099838 号

书　　名:莎士比亚

编 著 者:蒲永平

策　　划:侯　钰

责任编辑:侯　钰

出版发行:中国社会出版社　邮政编码:100032

通联方式:北京市西城区二龙路甲 33 号

编 辑 部:(010)66080360

邮 购 部:(010)66060275

销 售 部:(010)66080360　传真:(010)66051713

(010)66080300　传真:(010)66080880

网　　址:www. shcbs. com. cn

经　　销:各地新华书店

印刷装订:中国电影出版社印刷厂

开　　本:170mm×240mm 1/16

印　　张:13

字　　数:200 千字

版　　次:2012 年 7 月第 1 版

印　　次:2013 年 5 月第 2 次印刷

定　　价:26.00 元